HORST EHMANN

Arbeitsschutz und Mitbestimmung bei neuen Technologien

Schriften zum Sozial- und Arbeitsrecht

Band 58

Arbeitsschutz und Mitbestimmung bei neuen Technologien

Eine Darstellung der Mitbestimmungsrechte des Betriebsrats am Beispiel der Einrichtung von Arbeitsplätzen mit Bildschirmterminals

Von

Dr. Horst Ehmann

o. Professor an der Universität Trier
Richter am OLG Koblenz

DUNCKER & HUMBLOT / BERLIN

Gedruckt 1981 bei Buchdruckerei Bruno Luck, Berlin 65
Printed in Germany
ISBN 3 428 04981 0

Ich schaff euch für alles was selten und schwer
Das Leichte · ein ding das wie gold ist aus Lehm ·
Wie duft ist und saft ist und würze —

Aus: *Stefan George, Der Widerchrist*

Vorwort

Die gegenwärtigen Auseinandersetzungen in den Betrieben und vor den Arbeitsgerichten um die Mitbestimmungsrechte der Betriebsräte bei der Ausrüstung von Büroarbeitsplätzen mit Bildschirmterminals sind zu begreifen als ein Teil der immer wiederkehrenden sozialen Spannungen bei der Einsparung menschlicher Arbeitskraft durch Rationalisierungsmaßnahmen mit Hilfe neuer Maschinen und Technologien.

Die Rationalisierung der Büroarbeit mit Hilfe von Datenverarbeitungssystemen ist daher nur ein aktueller Anlaß zur Aufarbeitung der betriebsverfassungsrechtlichen Mitbestimmungsproblematik bei der Einrichtung neuer Technologien im Arbeits- und Produktionsprozeß. Das unaufhaltsame Vordringen der Mikroprozessoren- und Computertechnik wird diese Problematik in den folgenden Jahren zunehmend vertiefen und verschärfen. Die Geschwindigkeit der technischen Entwicklung droht dabei, die Anpassungsfähigkeit des Menschen und seiner sozialen Systeme zu überfordern. Der Versuch, der technischen Entwicklung in den Arm zu fallen, um sie zunächst zu verlangsamen, ist zwar verständlich, aber auch gefährlich, weil er sowohl die Wettbewerbsfähigkeit einzelner Betriebe als auch ganzer Unternehmensbereiche oder gar der gesamten Volkswirtschaft schnell zerstören kann. In einem Betrieb, der zu spät rationalisiert wird, werden unvermeidbar alle Arbeitsplätze verloren gehen. Und am wenigsten menschengerecht sind die Arbeitsplätze, die es nicht mehr gibt. Eine Massenerscheinung darf das nicht werden.

Voraussetzung der Vermeidung der Massenarbeitslosigkeit und aller daraus drohender Folgen ist auch, daß *Bundeskanzler Schmidt* recht hat und recht behält mit dem Satz aus seiner Regierungserklärung vom 24. 11. 1980:

> „Zu keinem Zeitpunkt haben Mitbestimmungsrechte dazu geführt, daß die Arbeitnehmer und ihre Gewerkschaften betriebswirtschaftlich notwendige Neuorganisationen behindert hätten."

Wenn alle in diesem Sinne vernünftig bleiben, besteht auch kein Grund für sterilen Pessimismus. Noch stets haben die Menschen es fertiggebracht, die durch die Entwicklung neuer Maschinen freiwerdenden Arbeitskräfte in neuen Aufgaben und Tätigkeitsfeldern zu höherem Nutzen einzusetzen. Das setzt freilich die anhaltende Bereitschaft zur Weiterarbeit voraus. Mit dem Verklingen der zu Beginn des letzten Jahrzehnts von falschen Propheten entfachten Euphorie, die für viele das Schlaraffenland[1] hat erstrebenswert und erreichbar erscheinen lassen, scheint — wenn nicht alle Zeichen trügen — auch der Wille und die Bereitschaft zur Arbeit wieder anzuwachsen.

Die vorliegende Arbeit ist hervorgegangen aus Vorträgen zum Thema „Bildschirmarbeitsplätze", die ich auf Einladung von Arbeitgeberverbänden in Frankfurt, Bremen und Mainz gehalten habe. Besonderen Dank schulde ich Frau Dr. Schlochauer, die mich mit reichhaltigem, unveröffentlichtem Material versorgt hat. Für wertvolle Mitarbeit habe ich ferner zu danken meinen wissenschaftlichen Hilfskräften Jürgen Olk, Hans-Peter Balthasar und Ulrich Göbel sowie meinem Assistenten Dr. Franz Schnauder, und nicht zuletzt meiner Sekretärin Frau Greim, die mit Sorgfalt das Manuskript geschrieben und es durch alle Veränderungen hindurch betreut hat.

Trier, im August 1981

Horst Ehmann

---

[1] Vgl. *v. Hippel*, Die Perversionen von Rechtsordnungen, S. 3 f.

Inhaltsverzeichnis

§ 1 Einleitung: Rechtstatsachen und Rechtsgrundlagen

§ 2 Informationsrechte, Rationalisierungsschutz u. a.

§ 3 Das korrigierende Mitbestimmungsrecht aus § 91 BetrVG

Abkürzungsverzeichnis

ABR	= Rechtsbeschwerden bei BAG
AllgVwV	= Allgemeine Verwaltungsvorschrift
AOG	= Gesetz zur Ordnung der nationalen Arbeit v. 20. 1. 1934 (RGBl. I S. 45) in der Fassung v. 30. 11. 1934 (RGBl. I S. 1193)
AöR	= Archiv öffentlichen Rechts
AP	= Arbeitsrechtliche Praxis, Nachschlagewerk des Bundesarbeitsgerichts (Sammlung der Entscheidungen des Bundesarbeitsgerichts, der Landesarbeitsgerichte und Arbeitsgerichte)
ArbG	= Arbeitsgericht
ArbGeb	= Arbeitgeber
ArbGG	= Arbeitsgerichtsgesetz
ArbN	= Arbeitnehmer
ArbStättVO	= Arbeitsstättenverordnung
ASiG	= Arbeitssicherheitsgesetz vom 12. 12. 1973 (BGBl. I S. 1885)
ASR	= Arbeitsstättenrichtlinien
AuR	= Arbeit und Recht, Zeitschrift für Arbeitsrechtspraxis
AZO	= Arbeitszeitordnung
BAG	= Bundesarbeitsgericht
BAGE	= Entscheidungen des Bundesarbeitsgerichts
BAP	= Bildschirmarbeitsplatz
BAU	= Bundesanstalt für Arbeitsschutz und Unfallforschung
BB	= Betriebsberater, Zeitschrift
BetrVG	= Betriebsverfassungsgesetz vom 15. 1. 1972 (BGBl I S. 13)
BG	= Die Berufsgenossenschaft, Zeitschrift
BGB	= Bürgerliches Gesetzbuch
BGBl	= Bundesgesetzblatt
BGHSt	= Entscheidungen des Bundesgerichtshofs zu Strafsachen
BImSchG	= Bundes-Immissionsschutzgesetz v. 15. 3. 1974 (BGBl I S. 72)
BM	= Bundesministerium
BMA	= Bundesministerium für Arbeit und Sozialordnung
BR	= Betriebsrat
BRG	= Betriebsrätegesetz vom 4. 2. 1920 (RGBl. S. 147)
BT	= Bundestag
BV	= Beschlußverfahren bei ArbG
BVerfG	= Bundesverfassungsgericht
BVerwG	= Bundesverwaltungsgericht
ChemG	= Chemikaliengesetz vom 16. 9. 1980 (BGBl I S. 1718)
DAG	= Deutsche Angestelltengewerkschaft
DB	= Der Betrieb, Wochenschrift für Arbeitsrecht u. a.
DIN	= Deutsche Industrie Norm

DVBl	= Deutsches Verwaltungsblatt
EDV	= Elektronische Datenverarbeitung
E.verz.	= Entscheidungsverzeichnis
EzA	= Entscheidungssammlung zum Arbeitsrecht
GewO	= Gewerbeordnung
GG	= Grundgesetz
GSG	= Gerätesicherheitsgesetz
GVG	= Gerichtsverfassungsgesetz
HGB	= Handelsgesetzbuch
Hz	= Hertz
IfaA	= Institut für angewandte Arbeitswissenschaft
IG	= Industriegewerkschaft
JugArbSchG	= Jugendarbeitsschutzgesetz vom 12. 4. 1976 (BGBl I S. 965)
JZ	= Juristenzeitung
LohnfG	= Lohnfortzahlungsgesetz vom 27. 7. 1969 (BGBl I S. 946)
MB	= Mitbestimmung
MitbGespr	= Das Mitbestimmungsgespräch, Zeitschrift
NJW	= Neue Juristische Wochenschrift
OLG	= Oberlandesgericht
REFA	= Verband für Arbeitsstudien
RG	= Reichsgericht
RGSt	= Entscheidungen des Reichsgerichts zu Strafsachen
RöV	= Röntgenverordnung
RVO	= Reichsversicherungsordnung
SAE	= Sammlung arbeitsrechtlicher Entscheidungen
StPO	= Strafprozeßordnung
Südd.Z.	= Süddeutsche Zeitung
Ta	= Allgemeine Beschwerdesachen beim LAG
TaBV	= Beschwerdesachen zu Beschlußverfahren bei LAG
TU	= Technische Universität
UVV	= Unfallverhütungsvorschrift
VBG	= Vorschriften der Berufsgenossenschaften
VDE	= Verband deutscher Elektrotechniker
VDI	= Verein deutscher Ingenieure
VG	= Verwaltungsgericht
VO	= Verordnung
WHO	= Weltgesundheitsorganisation (World Health Organisation)
ZfA	= Zeitschrift für Arbeitsrecht
ZStW	= Zeitschrift für die gesamte Strafrechtswissenschaft

§ 1 Einleitung: Rechtstatsachen und Rechtsgrundlagen

I. Die Rationalisierung der Büros

Die Installierung hochintegrierter elektronischer Datenverarbeitungssysteme mit Bildschirmterminals direkt am Arbeitsplatz wird in den 80er Jahren die Büro- und Verwaltungsarbeit in bisher kaum vorstellbarer Weise verändern[1]. Die Ausstattung der Büroarbeitsplätze mit Bildschirmterminals, die on-line mit einem zentralen Rechner verbunden sind, wird mit der Einrichtung der Fließbänder in der industriellen Fertigung Anfang des Jahrhunderts verglichen und als dritte industrielle Revolution bezeichnet[2]. Der Anstieg der Produktivität in der industriellen Fertigung seit dem Jahre 1900 wird auf ca. 1000 % geschätzt; im Bürobereich dagegen nur auf ca. 50 %. Demzufolge hat sich der Anteil der mit (unproduktiver) Büroarbeit Beschäftigten ständig vergrößert: 1950 waren es etwa 35 %, 1975 etwa 45 %, für 1980 werden über 50 % angenommen. Der Routineanteil der von dieser Hälfte der ArbN verrichteten Büroarbeit soll bei ca. 60 % liegen[3]. Die moderne Mikro-Prozessoren-Technik hat die preiswerte Rationalisierung dieser Routinearbeit möglich gemacht. Die Büroarbeitsplätze werden daher zunehmend mit Bildschirmterminals ausgestattet, was schlagwortartig als *Einrichtung von Bildschirmarbeitsplätzen* (BAP) bezeichnet wird. Auch diese Zukunft hat schon begonnen: Für 1979 wird die Zahl der bereits eingerichteten BAP mit ca. 300 000 angenommen und für das Jahr 1985 auf ca. 1 Million Gerätesysteme hochgerechnet[4]. Je nach Grundeinstellung begründen diese Entwicklungsperspektiven Fortschrittsglauben oder Zukunftsangst. Die einen sehen in dieser tech-

---

[1] Vgl. das Sonderheft der Zeitschrift PERSONAL 1980, Heft 3 mit Beiträgen zur Bildschirmarbeit von *Gaugler, Brepohl, Fischer, Armbruster, Cakir, Rossette, Hellmann* u. a.; ferner den Bericht über die Informationstagung der Bundesanstalt für Arbeitsschutz und Unfallforschung (BAU) zur Einrichtung von BAP am 1./2. April 1980; in: BG 1980, 454 ff.; über dieselbe Tagung berichten *Knevels* und *Klatt,* in: Leistung und Lohn Nr. 95 April 1980 — Zeitschrift des Arbeitswissenschaftlichen Referats der BDA, Herder-Verlag, Bergisch-Gladbach; vgl. auch das Sonderheft der Zeitschrift „Angewandte Arbeitswissenschaft — Mitteilungen des IfaA“ — Heft Nr. 84, April 1980; zuletzt noch erschienen (1981): „Der umstrittene Bildschirm“ mit Beiträgen von: *Thiemermann, Haider / Rohmert, Krueger, Gierse, Peterek.*

[2] *Wlotzke,* zitiert in: BG 1980, 454.

[3] So *Fischer,* PERSONAL 1980, S. 90; Rationalisierung im Büro, S. 8 ff.; *Haider / Rohmert,* S. 19 ff. (21).

[4] *Krueger / Müller-Limmroth,* S. 7.

nischen Entwicklung den Übergang vom Mensch-Mensch- zum Mensch-Maschinensystem, fürchten eine *Dequalifikation*[5] der Bürotätigkeit und den Verlust einer großen Zahl von Arbeitsplätzen[6]. Die anderen sehen, daß diese Technologie den Menschen von Routinearbeit entlasten kann und damit die Chance zum *job-enrichment* bietet, weil sie Arbeitskraft und Energie für kreative Tätigkeiten freisetzt[7].

An sich sind Maschinen und auch elektronische Datenverarbeitungssysteme weder gut noch böse, aber sie verändern die Möglichkeiten des Menschen zur Bewältigung seiner Arbeit. Am Anfang möglicher neuer Entwicklungen auf Grund neuer Werkzeuge, neuer Maschinen, neuer Erkenntnisse bestand und besteht stets die Angst des Menschen, ob die Entwicklung zum Guten oder zum Bösen verläuft, ob die neue Technik ihn entlastet oder weiter belastet. Diese Angst begleitet den Menschen wohl seit er den Göttern das Feuer gestohlen und das erste Rad gedreht hat.

Daß im Falle der Ausstattung von Arbeitsplätzen mit Bildschirmterminals die ArbGeb mehr den optimistischen und die Gewerkschaften und Betriebsräte mehr den pessimistischen Standpunkt vertreten, ist bedingt durch die verschiedenen Interessen, deren Wahrung den beiden Sozialpartnern aufgegeben ist.

II. Regelungsverlangen

Wo derartige Bildschirmterminals installiert werden, machen die Betriebsräte (BR) in der Regel Mitbestimmungsrechte (MBR) geltend. Die von den BR geforderten Regelungen entsprechen meist oder beruhen zumindest auf den von den Gewerkschaften erstellten *Musterbetriebsvereinbarungen*[8]. Die wichtigsten darin enthaltenen Regelungsverlangen sollen im folgenden kurz skizziert werden.

1. Informationsrechte

Die Gewerkschaften fordern über und für die BR rechtzeitige, umfassende und *schriftliche* Informationen über alle Planungen betreffend die Einrichtung von BAP und deren mutmaßlichen betriebsorganisatorischen und personellen Folgen.

[5] Vgl. insbes. *Haider / Rohmert*, S. 19 ff. (23 f.).

[6] Vgl. die Grundsatzpapiere zur Bildschirmarbeit der IG Chemie-Papier-Keramik und der ÖTV.

[7] Vgl. *Stein*, PERSONAL 1980, S. 96 f.; *Schuhmacher*, PERSONAL 1980, S. 104.

[8] Dem Verf. liegen u. a. vor: „EDV-Konzept" der IG Metall mit Musterbetriebsvereinbarungen; Musterbetriebsvereinbarungen der IG Chemie-Papier-Keramik; Musterbetriebsvereinbarung des Landesverbandes Hamburg der DAG.

2. Maßnahmen des Arbeitsschutzes

a) Gestaltung der Arbeitsplätze

Weitergehend meinen die Gewerkschaften, die BR hätten echte MBR bei allen Regelungen zur Einrichtung und Ausgestaltung der BAP im Rahmen gesetzlicher Vorschriften oder der Unfallverhütungsvorschriften bzw. gemäß den ergonomischen und sonstigen arbeitswissenschaftlichen Erkenntnissen entsprechend inzwischen erarbeiteter Sicherheitsregeln und Handlungsanleitungen.

b) Augenärztliche Untersuchung

Vor allem werden obligatorische augenärztliche Untersuchungen der betroffenen ArbN in bestimmten Formen und zeitlichen Abständen verlangt.

c) Höchstarbeitszeit, Arbeitsunterbrechung, Misch- und Mehrstellenarbeitsplätze

Darüber hinaus werden gefordert die Festlegung von Höchstarbeitszeiten (grundsätzlich nicht mehr als 4 Stunden pro Tag) und bezahlte Arbeitsunterbrechungen (15 Minuten je Arbeitsstunde) sowie die Einrichtung von Misch- und Mehrstellenarbeitsplätzen[9].

3. Schutz vor technischen Überwachungen

Mitbestimmungsrechte bei der Einrichtung von BAP werden ferner geltend gemacht zum Schutz vor technischen Einrichtungen zur Überwachung des Verhaltens und der Leistung der ArbN.

4. Datenschutz

Auch der Daten- und Persönlichkeitsschutz soll durch besondere Betriebsvereinbarung im Wege der Mitbestimmung gewährleistet und verbessert werden.

5. Rationalisierungsschutz

Nicht zuletzt verlangen die Gewerkschaften neben und über die tarifpolitischen Forderungen hinaus über und für die BR Betriebsvereinbarungen zur Sicherung der Arbeitsplätze, erforderlichenfalls des Einkommens der betroffenen ArbN, auch zur Gewährleistung notwendiger Umschulungsmaßnahmen (Rationalisierungs- und Abqualifizierungsschutz).

---

[9] Zu entsprechenden tariflichen Regelungen vgl. *ArbG München*, DB 1980, 1700.

6. Paritätische Kommissionen

Schließlich wird die Bildung paritätischer Kommissionen zur Behandlung aller mit der Einrichtung von BAP zusammenhängenden Fragen[10] gefordert, wobei im Falle der Nichteinigung eine Einigungsstelle gemäß § 76 Abs. 5 BetrVG entscheiden soll.

III. Rechtsgrundlagen und Tatsachenbehauptungen

Die angeführten Mitbestimmungsforderungen sind juristisch nur berechtigt, wenn sie auf gesetzliche Mitbestimmungstatbestände gestützt werden können und deren tatsächliche Voraussetzungen gegeben sind. Schulmäßig müßten daher alle in Betracht kommenden gesetzlichen Mitbestimmungstatbestände insbesondere der §§ 80, 90, 91, 87 Abs. 1 Nr. 6 u. 7, 111, 112 BetrVG[11] in Verbindung mit allen im Zusammenhang mit der Installierung von Bildschirmterminals möglichen tatsächlichen Umständen daraufhin überprüft werden, ob sie Betriebsvereinbarungen der geforderten Art rechtfertigen. Ein solches Prüfungsverfahren, das zur Entscheidung eines konkreten Falles unbedingt notwendig ist[11a], wäre jedoch für eine allgemeine, theoretische Darlegung der vorliegenden Art zu schwerfällig und würde zu kaum erträglichen Wiederholungen führen. Eine Darstellung nach dieser „Fallösungsmethode“ verbietet sich auch deshalb, weil dieser allgemeinen Untersuchung kein feststehender Sachverhalt zugrunde gelegt werden kann, denn die im Zusammenhang mit der Installierung von Bildschirmterminals auftretenden und rechtlich zu beurteilenden *Tatfragen* sind überaus komplex: Die Bildschirmsysteme sind von sehr verschiedener Art, ihre Einrichtung kann in sehr unterschiedlicher Weise erfolgen, die sozialen und personellen Auswirkungen können sehr verschieden sein. Jeder BAP kann eine andere hard-ware, eine andere soft-ware, einen anderen Tisch oder Stuhl, eine andere Beleuchtung, Belüftung, Beheizung, Beschallung haben. Und selbst, wenn zwei Arbeitsplätze in allen angeführten Bedingungen identisch sind, können die Belastungen und Gefährdungen für die Physis und Psyche, d. h. für Leben, Körper, Gesundheit und Persönlichkeit der daran beschäftigten ArbN durch die sonstigen Arbeitsbedingungen (Arbeitszeit, Pausen, org-ware[12], Kondition des ArbN etc.) sehr verschie-

---

[10] Zur Frage, ob die Einführung von Bildschirmgeräten eine *Versetzung* der ArbN i. S. der §§ 95, 99 BetrVG darstellt vgl. *ArbG Hamburg*, DB 1981, 850.

[11] §§ des BetrVG 1972 werden im folgenden ohne Angabe des Gesetzes zitiert.

[11a] Mit unklaren Erwägungen jetzt anders *LAG Berlin*, E.verz. Nr. 45, S. 31 f. (insoweit in DB 1981, 1519 ff. nicht abgedruckt).

[12] Neudeutsch für: Einordnung der BAP in die Organisationsstruktur des Betriebes.

den sein. Es ist daher notwendig, die verbreiteten pauschalen Behauptungen über die Auswirkungen und Gefahren der Einrichtung von BAP im Einzelfall kritisch zu prüfen. Diese Aufgabe der exakten Klärung der *Tatfragen* kann in dieser allgemeinen rechtswissenschaftlichen Arbeit nicht geleistet werden. Ziel der Arbeit ist es jedoch, die auftretenden *Rechtsfragen* so klarzustellen, daß sichtbar wird, welche *Tatsachen* erheblich sind.

IV. Der Begriff Bildschirmarbeitsplatz

Kernpunkt des Übels der unzureichenden Tatsachenfeststellung — auch in den bisher bekanntgewordenen gerichtlichen Verfahren[13] — ist die für die Klärung der Mitbestimmungsproblematik völlig *ungeeignete Definition*[14] des BAP gem. der DIN-Norm 66233 (Entwurf), die auch zum Ausgangspunkt der „Sicherheitsregeln für BAP im Bürobereich" des Hauptverbandes der gewerblichen Berufsgenossenschaften e. V. gemacht wurde und z. B. im § 1 der Musterbetriebsvereinbarung der IG Chemie-Papier-Keramik wie folgt lautet:

„Bildschirmarbeitsplätze sind solche, deren Bestandteil ein Bildschirmgerät ist (DIN 66233). Bildschirmgeräte sind Datensichtgeräte, Mikrofilmgeräte, Fernsehgeräte und andere. Für die Begriffe und Definition gilt die DIN 66233 ‚Kennwerte' für die Anpassung von Bildschirmarbeitsplätzen an Menschen (Begriffe)."

Die bekannten Pauschalbehauptungen, die Bildschirmgeräte würden zu psycho-physischen Belastungen, Haltungsanomalien, Augen- und Kopfschmerzen etc. führen, sie seien geeignet oder dazu bestimmt, die ArbN zu überwachen und würden schließlich eine große Zahl von ArbN abqualifizieren und wegrationalisieren[15], werden von Gewerkschaften und Betriebsräten an diese Definition angeknüpft.

Die ArbG begegnen diesen Pauschalbehauptungen mit entsprechend pauschalen Gegenbehauptungen[16] und fordern eine Einschränkung der Definition zumindest dahingehend, daß die Bildschirmarbeit „bestim-

---

[13] *LAG Hamburg,* E.verz. Nr. 37, 42 u. 43; *LAG Düsseldorf,* E.verz. Nr. 39, 41; *LAG Baden-Württemberg,* E.verz. Nr. 44; *LAG Berlin,* E.verz. Nr. 45 sowie zahlreiche *Arbeitsgerichtsentscheidungen* (vgl. E.verz. Nr. 46—59) und *Einigungsstellenentscheidungen,* wovon dem Verf. drei mit Gründen vorliegen (vgl. E.verz. Nr. 60—62). Soweit die Entscheidungen nicht veröffentlicht sind, werden sie im folgenden nach der Nr. des E.verz. und der Seitenzahl der Originalausfertigung zitiert.

[14] *Haider / Rohmert* (S. 28): „für die Praxis wertlos".

[15] Vgl. die in § 1 Fn. 6 zitierten Grundsatzpapiere und die Tatbestände der in § 1 Fn. 13 zitierten Entscheidungen; vgl. dazu auch *Haider / Rohmert,* S. 25 ff.

[16] Vgl. z. B. die Darstellungen von *Siemens* (Ergonomie am Bildschirmarbeitsplatz) und von SEL (ITT), Bildschirmsysteme von SEL, ergonomisch betrachtet.

mend für die gesamte Tätigkeit“[17] sein müsse. Damit akzeptieren sie aber das Prinzip dieser Definition, welche die gesetzlichen Tatbestandsmerkmale der Mitbestimmungstatbestände durch den einseitig an der hard-ware orientierten Begriff „Bildschirmarbeitsplatz“ ersetzt. Beide Seiten glauben offenbar, mit diesem „eigenen Gesetzgebungsverfahren“ sich die Mühe sowohl der Klärung der schwierigen Rechtsfragen als auch der zur Subsumtion erforderlichen konkreten Aufklärung des Sachverhalts ersparen zu können[18]. Ein solches Verfahren ist aber rechtlich nicht zulässig, solange es keinen gesetzlichen Mitbestimmungstatbestand der Art und Form gibt:

Bei der Einrichtung von Bildschirmarbeitsplätzen hat der Betriebsrat ein Mitbestimmungsrecht.

Ein solcher Mitbestimmungstatbestand ist aber auch nicht wünschenswert, weil er unter dem Betracht der Kategorien des BetrVG Gleiches ungleich und Ungleiches gleich behandeln würde.

Ein Beispiel soll das Gesagte schon hier vorweg deutlich machen: Ob ein Bildschirmgerät zur Überwachung der ArbN im Sinne von § 87 Nr. 6 geeignet oder gar bestimmt ist, hängt im wesentlichen nicht von der durch die zitierte Definition gekennzeichneten hard-ware, sondern von der soft-ware ab, welche die Definition völlig außer Betracht läßt. Die Definition des BAP erfaßt daher nicht die tatsächlichen Voraussetzungen zur Entscheidung über das MBR aus § 87 Nr. 6[19]; Entsprechendes gilt für die anderen gesetzlichen Mitbestimmungstatbestände.

Unzureichend ist auch die etwas differenzierende Unterscheidung zwischen den sog. *Datenerfassungs-* und *Dialogarbeitsplätzen*[20], weil auch sie nicht geeignet ist zur Beurteilung, ob die tatbestandlichen Voraus-

---

[17] So jetzt auch die Definition der Sicherheitsregeln 2.1. Nach einer Einspruchsverhandlung am 5. 6. 1981 erhielt der Normentwurf DIN 66233 folgende Fassung: „Bildschirmarbeitsplatz = Arbeitsplatz mit Bildschirmgerät, bei dem Arbeitsaufgabe und Arbeitszeit am Bildschirmgerät bestimmend für die gesamte Tätigkeit sind.“

Ergänzend hierzu wurde eine Definition des Arbeitsplatzes in die Norm aufgenommen, bei dem nur bildschirmunterstützte Arbeiten verrichtet werden. Die Definition lautet: „Arbeitsplatz mit Bildschirmunterstützung = Arbeitsplatz mit Bildschirmgerät, bei dem Arbeitsaufgabe und Arbeitszeit am Bildschirmgerät nicht bestimmend für die gesamte Tätigkeit sind.“

[18] Kritisch (wenn auch vorsichtig) hierzu auch *Fitting / Auffarth / Kaiser,* vor § 89 Rdnr. 7 b und Rdnr. 67.

[19] Näheres dazu unten § 5.

[20] Vgl. *Rossette,* PERSONAL 1980, S. 99 f.; auch die weitergehende, von *Thiemermann* (Der umstrittene Bildschirm, S. 11) vorgeschlagene Differenzierung in: Programmierarbeitsplatz, Arbeitsplatz für Massendatenerfassung, Sachbearbeiterterminal, graphischer Bildschirmarbeitsplatz, Textverarbeitungsanlage ist zwar unter technischen Aspekten richtig, läßt sich aber noch beliebig ausdifferenzieren und hilft unter juristischen Aspekten nicht weiter.

setzungen der in Betracht kommenden Mitbestimmungstatbestände auch tatsächlich gegeben sind.

Ein gerichtlicher Antrag auf Feststellung des Bestehens eines MBR oder auf Ernennung eines Vorsitzenden einer Einigungsstelle, der lediglich damit begründet wird, der ArbGeb beabsichtige die „Einrichtung von BAP“, ist daher nicht hinreichend *substantiiert* und muß mangels hinreichender Bestimmtheit als *unzulässig* abgewiesen werden[21]. Dies gilt auch im Verfahren nach § 98 ArbGG, obwohl ohne nähere Prüfung nicht gesagt werden kann, daß *offensichtlich* in derartigen Fällen kein MBR besteht und also eine Einigungsstelle *„offensichtlich“* unzuständig ist[22]. Dem Antrag fehlt das *Rechtsschutzinteresse*, wenn der ArbGeb ohnehin zu tun und zu gewähren bereit ist, was im Wege der Mitbestimmung verlangt wird[22a].

V. Tatfragen und Sachverständigenurteil

Die Ermittlung der zur Entscheidung der Rechtsfragen erforderlichen Tatsachen ist aber auf diesem Gebiet dem Juristen nur mit Hilfe von Sachverständigen möglich. Diese Sachverständigen sind jedoch, ebenso wie andere Sachverständige, die in zivilen Schadensersatzprozessen (z. B. in Arzt- oder Bauprozessen) oder sozialgerichtlichen Verfahren ihren Sachverstand zur Verfügung stellen, oft nicht in der Lage, die rechtlichen Voraussetzungen, auf deren Grundlage und in deren Grenzen sie ihr Sachverständigenurteil abzugeben haben, zu erkennen; manchmal sind sie sogar auf Grund mehr oder weniger bewußter Vorurteile (Vorverständnisse) in Gefahr, diese Voraussetzungen und Grenzen zu verkennen.

Dies betrifft immer wieder und vor allem die Kategorie der Kausalität. Im vorliegenden Sachzusammenhang also z. B. die Frage, ob die *besonderen Belastungen* oder *Gesundheitsstörungen* durch die Einrichtung von BAP *verursacht*, d. h. arbeitsbedingt oder bei den betroffenen ArbN im wesentlichen *anlagebedingt* sind. Auch andere rechtliche Vorfragen können von den Sachverständigen nicht erkannt oder verkannt werden, z. B.: Von welchem Standard ergonomischer oder arbeitswissenschaftlicher Erkenntnisse ist auszugehen? Sind die behaupteten Gesundheitsbeeinträchtigungen nach dem Maßstab des Gesundheitsbegriffs der Weltgesundheitsorganisation[23] zu beurteilen, wo-

---

[21] So deutlich *LAG Düsseldorf*, E.verz. Nr. 39, S. 14 f.; auch diesbezüglich mehr als nur unklar *LAG Berlin*, E.verz. Nr. 45, S. 31 ff., 49 und öfters.

[22] Vgl. *LAG Düsseldorf* (16. Kammer Köln), E.verz. Nr. 41, S. 17 = DB 1981, 380 li. Spalte.

[22a] Anders *LAG Berlin*, E.verz. Nr. 45, S. 39 u. 58; vgl. ferner unten § 4 um Fn. 83.

[23] Vgl. § 3 Fn. 14 und 15.

nach Gesundheit sein soll ein „Zustand vollständigen geistigen, körperlichen und sozialen Wohlbefindens"? Was sind „gesicherte arbeitswissenschaftliche Erkenntnisse"? Wann ist eine technische Einrichtung im Sinne des § 87 Nr. 6 dazu „bestimmt", die Leistung und das Verhalten des ArbN zu überwachen[24]?

Es ist unbestreitbar und auch unbestritten, daß die Sachverständigen der Arbeitswissenschaften kein *Definitionsmonopol* für diese Begriffe, Standards und Denkkategorien haben[25], aber man kann ihnen angesichts des Standes der juristischen Literatur zu den genannten Fragen und Rechtsvorschriften nicht übelnehmen, daß sie dieses Monopol für sich in Anspruch nehmen, zumal die meisten von der Technik, der Medizin oder der Naturwissenschaft kommenden Sachverständigen sich häufig gar nicht bewußt sind, daß ihr *Sachurteil* auf *Werturteilen* beruht, die in dieser Form *rechtlich* nicht anerkannt werden können. Die Antworten der arbeitswissenschaftlichen Sachverständigen müssen daher im juristischen Erkenntnisprozeß der Subsumtionsentscheidung sehr sorgfältig daraufhin überprüft werden, ob sie auf zutreffenden und juristisch anerkannten Wertprämissen beruhen.

Damit die Richter der Neigung widerstehen, die ihnen obliegende Entscheidungslast durch „unbegrenzte" Beweisbeschlüsse auf die Sachverständigen zu übertragen, und die Beweisbeschlüsse so formulieren, daß die Sachverständigen die Grenzen ihres Auftrags- und Urteilsermessens erkennen, ist es erforderlich, zu klären, was im problematisierten Zusammenhang der Einrichtung von BAP *Tat- und Rechtsfragen* sind, d. h. auf welche rechtlichen Tatbestände und Begriffe hin der Sachverständige die Tatsachen zu erforschen hat.

VI. Gang der Darstellung

Der Schwerpunkt meiner folgenden Darstellung soll daher auf den tatbestandlichen Voraussetzungen der §§ 91, 87 Nr. 7 und 87 Nr. 6 BetrVG liegen, weil dort die spezifischen, im Zusammenhang mit der Einrichtung von BAP auftretenden Probleme liegen. Bevor ich jedoch damit beginne, einige kurze Bemerkungen zu den nicht auf diese Mitbestimmungstatbestände gestützten Regelungsverlangen.

---

[24] Vgl. dazu das von Dr. G. W. Radl im Verfahren vor dem *LAG Düsseldorf* (Köln) — 16 TaBV 13/80 — vorgelegte Gutachten, das ohne hinreichendes Problembewußtsein den Begriff der techn. Überwachung (Kontrolle) zu weit faßt; vgl. dazu unten § 5 II, 1.

[25] Vgl. die Nachweise unten § 3 II, 4 d.

§ 2 Informationsrechte, Rationalisierungsschutz u. a.

I. Informationsrechte

Die in den genannten Musterbetriebsvereinbarungen geltend gemachten Informationsrechte können auf mehrere gesetzliche Mitbestimmungstatbestände gestützt werden, insbesondere die §§ 80 Abs. 2, 90, 92, 106, 111 BetrVG.

Liegen die tatsächlichen Voraussetzungen dieser Vorschriften vor, so sind die BR rechtzeitig und umfassend über die geplanten organisatorischen, sachlichen und personellen Veränderungen im Zusammenhang mit der Einrichtung von BAP (grundsätzlich allerdings *nicht schriftlich*[1]) zu unterrichten. Es gilt hier grundsätzlich nichts anderes als bei der Einrichtung oder Umgestaltung anderer Arbeitsplätze oder Arbeitsabläufe. Der computerintegrierte Bildschirm zwingt zu keinerlei Besonderheiten bei der Auslegung und Subsumtion der genannten Informationsansprüche.

Es kann dazu auf die in etwa gleichlautenden Darstellungen in den Kommentaren zum Betriebsverfassungsgesetz verwiesen werden. Problematisch ist allenfalls, wann eine Information rechtzeitig ist. Es gibt Autoren[2] und Gerichte[3], die meinen, rechtzeitig heiße: *frühzeitig*. Wer jedoch nicht frühzeitig gelernt hat, daß zwischen diesen Begriffen ein Unterschied besteht, kann dies vielleicht noch rechtzeitig nachlesen[4], bevor er den nächsten Rechtsstreit verliert. Auch wer frühzeitig zum Arzt geht, kann zu spät kommen und wer nicht frühzeitig, sondern zu

---

[1] Was in den Musterbetriebsvereinbarungen der IG Metall und der IG Chemie-Papier-Keramik verlangt wird. Vgl. *Fitting / Auffarth / Kaiser*, § 80 Rdnr. 19 ff., dazu *Haider / Rohmert*, S. 19 ff.; *Krueger*, S. 51 ff.; *Gierse*, S. 71 ff.

[2] Insbes. zu § 111, wo die Frage wegen § 113 von erheblicher praktischer Bedeutung ist, vgl. *GK-Fabricius*, § 111 Rdnr. 26. *Fitting / Auffarth / Kaiser*, § 111 Rdnr. 26; dem zustimmend *Stege / Weinspach*, § 111 Rdnr. 12; ferner *Richardi*, Sozialplan, S. 26; weitere Nachw. bei *Ehmann*, Betriebsstillegung, S. 44 ff.

[3] Insbes. *BAGE* 24, 364 = AP Nr. 10 zu § 72 BetrVG 1952; *BAG* AP Nr. 2 zu § 113 BetrVG 1972.

[4] In meiner Schrift, Betriebsstillegung, S. 15 ff. sowie in meinem Beitrag in der Festschrift für Weitnauer, S. 44 ff. Der Begriff „rechtzeitig" kann in den verschiedenen Mitbestimmungstatbeständen einen verschiedenen Inhalt haben (Festschrift für Weitnauer, S. 46, Fn. 204); vgl. auch *Fitting / Auffarth / Kaiser*, § 80 Rdnr. 19 ff.

spät zum Bahnhof kommt, kann noch rechtzeitig vor Abfahrt des Zuges kommen. Rechtzeitig ist daher nicht gleich frühzeitig[4a].

II. Datenschutz

Eine Stellungnahme zu den neuerdings geforderten MBR zur Ausfüllung der Regelungsspielräume des *Bundesdatenschutzgesetzes* muß ich im Zusammenhang dieser Darstellung ganz aussparen. Eine Untersuchung dieser Problematik setzt eine genaue Kenntnis der einschlägigen soft-ware voraus und ist daher wohl nur in Zusammenarbeit mit einem Experten auf diesem Felde möglich. Ich begnüge mich daher mit einem Hinweis auf die Ausführungen von *Fitting / Auffarth / Kaiser*[5], die ihrerseits sich auf *Simitis*[6] und *Wohlgemuth*[7] stützen und denen wohl nicht zu folgen ist.

III. Rationalisierungs- und Abqualifizierungsschutz

Als Rechtsgrundlage für die im Wege von Betriebsvereinbarungen — über die tariflichen Forderungen und Regelungen hinaus — verlangten Rationalisierungs- und Abqualifizierungsschutzvereinbarungen können nur die §§ 111 ff. BetrVG in Betracht gezogen werden.

Ob die Einrichtung von BAP eine Betriebsänderung im Sinne des § 111 BetrVG darstellt, die *wesentliche Nachteile*[8] für die Belegschaft oder erhebliche Teile der Belegschaft zur Folge haben kann, muß im Einzelfall unter Beachtung der sonstigen rechtlichen Voraussetzungen untersucht und kann pauschal und allgemein weder behauptet noch bestritten werden.

[4a] Dennoch heißt es in der Einigungsstellenentscheidung der Firma Ruhrchemie AG, Oberhausen (Vorsitzender: *Vors. Richter Walter Bitter)* v. 15. 6. 1981, in § 5 Abs. 1 Satz 1: „Die betroffenen ArbN werden *frühzeitig* über die Einrichtung von Bildschirmarbeitsplätzen informiert." Diese Bestimmung ist außerhalb der gesetzlichen Grundlagen.

[5] § 87 Rdnr. 36 e.

[6] AuR 1977, 108 ff.

[7] MitbGespr. 80, 128 ff.

[8] Die Voraussetzung wird in den Fällen des § 111 Satz 2 *nicht* fingiert, *BAG* AP Nr. 3 u. 4 zu § 111 BetrVG 1972 (mit Anm. Ehmann, in Vorbereitung); dazu *Ehmann*, Festschrift für Weitnauer, S. 30; *ders.* ZfA 1980, S. 749; vgl. auch *BAG*, Beschluß v. 17. 2. 1981, DB 1981, 1190; a. A. *Fitting / Auffarth / Kaiser*, § 111 Rdnr. 5 m. w. Nachw.; ohne Beachtung der BAG-Rspr. *Fitting / Auffarth / Kaiser* folgend *LAG Hamburg* (E.verz. Nr. 42), S. 19; *LAG Hamburg* (E.verz. Nr. 43), Der Betriebsrat 1981, S. 194; *LAG Berlin* (E.verz. Nr. 45), S. 65 unter Bezugnahme auf *GK-Fabricius*, § 111 Rdnr. 36 u. 38.

[9] AP Nr. 3 u. 4 zu § 111 BetrVG 1972; dazu *Ehmann*, ZfA 1980, 747 ff.; *ders.* Festschrift für Weitnauer, S. 27 ff.

Die Entscheidung des BAG vom 22. 5. 1979[9], wonach auch ein bloßer Personalabbau ohne Veränderung der sächlichen Betriebsmittel, wenn er die Größenordnung der Zahlen des § 17 KSchG — bei Großbetrieben 5 % der Belegschaft[10] — erreicht, eine sozialplanpflichtige Betriebsänderung sein kann, darf ich als bekannt unterstellen. Personalveränderungen unterhalb dieser Zahlengrößen sind keine Betriebsänderungen und lösen die MBR der §§ 111 ff. BetrVG nicht aus.

IV. Paritätische Kommissionen

Für die geforderte Bildung paritätischer Kommissionen zur Behandlung und Entscheidung aller mit der Einrichtung von BAP zusammenhängenden Fragen gibt es keine Rechtsgrundlage; die Forderung kann nur als freiwillige Betriebsvereinbarung gemäß § 88 erfüllt werden.

---

[10] *BAG*, Beschluß v. 22. 1. 1980 — 1 ABR 28/78, BB 1980, 1207 = DB 1980, 1402.

§ 3 Das korrigierende Mitbestimmungsrecht aus § 91 BetrVG

I. Regelungsverlangen

Der BR kann nach § 91 angemessene Maßnahmen zur Abwendung, Milderung oder zum Ausgleich solcher besonderer Belastungen verlangen, die durch Änderung der Arbeitsplätze, des Arbeitsablaufs oder der Arbeitsumgebung verursacht werden, wenn diese Änderungen den gesicherten arbeitswissenschaftlichen Erkenntnissen über die menschengerechte Gestaltung der Arbeit offensichtlich widersprechen.

Die Einrichtung von BAP ist zweifellos eine Änderung der Arbeitsplätze in diesem Sinne.

Als besondere Belastung werden behauptet[1]:

— unerträgliche psycho-physische Beanspruchungen;

— Haltungsanomalien und Haltungsschäden;

— Augenbeschwerden, Kopfschmerzen etc.

Als Maßnahmen zur Abwendung oder Milderung dieser besonderen Belastung werden gefordert[2]:

— eine Höchstarbeitszeit von vier Stunden mit einer Viertelstunde Pause nach jeder Stunde;

— die Einrichtung von Misch- und Mehrstellenarbeitsplätzen;

— eine maximale Gestaltung der Arbeitsplätze etwa nach Maßgabe der Sicherheitsregeln des Hauptverbandes der Berufsgenossenschaften;

— augenärztliche Untersuchungen und kostenlose Vergabe von Brillen u. a. m.

Diese Forderungen sind nur insoweit gerechtfertigt, wie die Einrichtung der BAP „gesicherten arbeitswissenschaftlichen Erkenntnissen“ *offensichtlich* widerspricht und die behaupteten *besonderen Belastungen* wirklich verursacht werden, und nicht zuletzt, insoweit die gefor-

---

[1] Vgl. aus ergonomischer Sicht hierzu vor allem den differenzierten Forschungsbericht von *Cakir / Hart / Stewart*, Bildschirmarbeitsplätze, Berlin - Heidelberg - New York 1980; ferner die Grundsatzpapiere § 1 Fn. 6 u. die Tatbestände der einschlägigen Verfahren § 1 Fn. 13.

[2] Vgl. die Musterbetriebsvereinbarung § 1 Fn. 8 und die Tatbestände und Anträge der einschlägigen Verfahren § 1 Fn. 13.

derten Maßnahmen angemessen sind, d. h. die dadurch erzielten Verbesserungen der Arbeitsbedingungen nach Maßgabe des *Verhältnismäßigkeitsgrundsatzes* ökonomisch vertretbar sind.

Die Fragestellung macht deutlich, daß die damit aufgeworfenen *Tatfragen*, deren Beantwortung überwiegend den Sachverständigen der Arbeitswissenschaften obliegt, nicht beantwortet werden können, solange nicht geklärt ist, welche arbeitswissenschaftlichen Erkenntnisse als *gesichert* betrachtet werden können und den Maßstab bilden für das Urteil, ob die Änderungen der Arbeitsplätze dagegen *offensichtlich* verstoßen und dadurch *besondere Belastungen* verursacht werden.

II. Gesicherte arbeitswissenschaftliche Erkenntnisse

1. Zweck und Art (Form) der Erkenntnis

Der *unbestimmte Rechtsbegriff*[3] der „gesicherten arbeitswissenschaftlichen Erkenntnisse" kann nur im Hinblick auf den Zweck dieser Erkenntnisse definiert werden[4]. Diesen Zweck der Erkenntnisse bestimmen die §§ 90, 91 mit dem Begriff der „menschengerechten Gestaltung der Arbeit". Wann aber ist ein Arbeitsplatz „menschengerecht" gestaltet? Und nach welchen „wissenschaftlichen" Methoden bestimmt sich das?

2. Arbeitswissenschaften

Die „arbeitswissenschaftlichen Erkenntnisse", die nach § 91 den Maßstab setzen sollen für die *menschengerechte Gestaltung* der Arbeitsplätze, sind nicht Erkenntnisse einer bestimmten, abgegrenzten, definierbaren *Wissenschaft* mit einem gesicherten Stand anerkannter Methoden der Forschung oder mit einer historisch gewachsenen, allgemein oder weitgehend anerkannten Autoritätsstruktur zur Bildung einer communis opinio doctorum (herrschenden Meinung). Eine einheitliche Arbeitswissenschaft gibt es nicht, sondern vielmehr eine Anzahl von wissenschaftlichen Fachdisziplinen, die unter dem Oberbegriff Arbeitswissenschaft(en) zusammengefaßt werden[5].

Im Zentrum der Arbeitswissenschaften steht die Ergonomie[6], die sich als Lehre von der menschlichen Arbeit anderer Wissenschaften und

---

[3] Vgl. *Marburger*, S. 166f.; 418 und *Breuer* AöR 101 (1976), S. 72 ff., deren Ausführungen über die Verweisformeln im Recht der Technik für die „arbeitswissenschaftlichen Erkenntnisse" entsprechend gelten.

[4] Ähnlich *Galperin / Löwisch*, § 91 Rdnr. 7.

[5] Vgl. *Fitting / Auffarth / Kaiser*, vor § 89 Rdnr. 7; *GK-Wiese*, § 90 Rdnr. 15; *Birkwald / Pornschlegel*, S. 30 ff.; *Natzel*, S. 10 ff.; *Luczak / Rohmert*, S. 15 ff.

[6] *Luczak / Rohmert* (S. 15 ff.) neigen dazu, die Begriffe Ergonomie und Arbeitswissenschaft synonym zu begreifen. Das ist an sich nur eine defini-

Techniken als Hilfsdisziplinen bedienen muß. Im Verständnis des REFA[7] geht schon die Ergonomie über das Ziel der möglichst wirtschaftlichen Ausnutzung der menschlichen Arbeitskraft (Taylorismus) hinaus und erstrebt die bessere Anpassung der Arbeit an den Menschen wie auch des Menschen an die Arbeit. Das Ziel der Arbeitswissenschaften ist noch weiter gesteckt und umfaßt nicht nur den Arbeitsschutz, sondern all das, was unter „Humanisierung der Arbeitswelt" und „menschengerechter Gestaltung der Arbeit" verstanden werden kann[8]. Als Erkenntnisobjekte der Arbeitswissenschaften werden daher alle Beziehungen des Menschen zu seiner Arbeit betrachtet. Demgemäß werden alle auf die menschliche Arbeit bezogenen Erkenntnisse der verschiedensten Wissenschaftszweige dem Begriff Arbeitswissenschaft(en) zugeordnet, z. B.: Arbeitsmedizin (als Oberbegriff für Arbeitsphysiologie, Arbeitspsychologie, Arbeitshygiene, Arbeitspathologie etc.), Arbeitspädagogik, Arbeitssoziologie, Arbeitstechnologie; zweifelhaft ist, ob und inwieweit auch das Arbeitsrecht und die Wirtschaftswissenschaften (Arbeitswirtschaftslehre) dazugehören[9].

Die Teilgebiete der Arbeitswissenschaften dienen einzeln und zusammen u. a. der Rationalisierung, Lohnfindung, Arbeitsbewertung, Fertigungsplanung und -steuerung sowie der Arbeitsgestaltung unter dem Gesichtspunkt der Arbeitssicherheit und der Ergonomie[10].

Der Regelungsbereich des § 91 greift aus diesen vielfältigen Funktionen der Arbeitswissenschaften jene heraus, die dem Ziel der „menschengerechten Gestaltung der Arbeit" dienen. Das geht über den Bereich des Arbeitsschutzes (im Sinne von Unfall- und Gesundheitsschutz gem. §§ 87 Nr. 7 und 89) hinaus bis zur unklaren Grenze dessen, was unter „menschengerechter Gestaltung der Arbeit" verstanden werden kann[11].

---

torische Frage, müßte *Rohmert* aber zwingen, in seiner „Stufentheorie" (vgl. im Text § 3 II, 3 b) die Ebenen der Zumutbarkeit und Zufriedenheit aus dem Begriff der Arbeitswissenschaft herauszunehmen, was er wiederum aber auch nicht (zu Recht!) strikt durchhält (vgl. *Rohmert,* Bewertungsebenen, in: Südd. Z.). Mit der Herausnahme der Zumutbarkeits- und Zufriedenheitsebene müßte die *„Zweizieligkeit"* (Produktivität und Humanität) der Arbeitswissenschaft aufgegeben werden, was *Luczak / Rohmert* (S. 18 f.) aus guten Gründen ablehnen (vgl. aber auch § 3 Fn. 25). Rohmert u. a. beachten nicht hinreichend, daß es in § 91 BetrVG heißt: „arbeitswissenschaftliche Erkenntnisse über die *menschengerechte* Gestaltung der Arbeit". Die menschengerechte Gestaltung wird also als der *Zweck* der arbeitswissenschaftlichen Erkenntnisse gesetzlich definiert. Daher darf die Arbeitswissenschaft dieses Ziel nicht aus ihrem Begriff herausnehmen.

[7] *Refa,* Methodenlehre, S. 93 ff.

[8] Vgl. *Luczak / Rohmert,* S. 15 ff.; Rationalisierung im Büro, S. 16.

[9] Vgl. die in § 3 Fn. 5 Zitierten.

[10] So *Fitting / Auffarth / Kaiser,* vor § 89 Rdnr. 7.

[11] Vgl. unten § 3 II, 3.

In dem Maße, wie jedoch das Ziel („die menschengerechte Gestaltung der Arbeit") unklar und nicht genau erfaßbar ist, kann es logischerweise auch keine „gesicherten Erkenntnisse" zu seiner Erreichung geben.

Soweit der Normbefehl Unmögliches verlangt, ist er unwirksam. Das heißt aber nicht, daß die Regelung des § 91 gänzlich unwirksam und also nichtig sein müsse, denn der uferlose Bereich der menschengerechten Gestaltung der Arbeit („Humanisierung der Arbeitswelt") schließt den erfaßbaren Bereich des Arbeitsschutzes (Unfall- und Gesundheitsschutzes) ein: eine unfall- und/oder gesundheitsgefährliche Gestaltung der Arbeit ist jedenfalls nicht menschengerecht. Zur Erreichung dieses klaren und erfaßbaren Zieles kann es aber sowohl Erfahrungswissen als auch methodisch abgesicherte Erkenntnismöglichkeiten, d. h. „gesicherte Erkenntnisse" geben[12].

Aus dem dargestellten logischen Zusammenhang zwischen dem Erkenntnisziel (menschengerechte Gestaltung der Arbeit) und der Bewertung der Erkenntnisse (als gesicherte Erkenntnisse) folgt, daß eine möglichst genaue Zielbestimmung notwendig ist.

3. Was heißt menschengerechte Arbeitsgestaltung?

a) Der Gesundheitsbegriff der Weltgesundheitsorganisation

Als utopisch und nicht „machbar" müssen die Versuche bezeichnet werden, den Begriff der „menschengerechten Arbeitsgestaltung" auszurichten am Gesundheitsbegriff der Weltgesundheitsorganisation (WHO)[13]. Wenn das richtig wäre, befände sich die große Mehrheit der deutschen Arbeiter im Krankenstand, würde die große Mehrheit der Arbeiterschaft zur Arbeitsleistung nicht mehr verpflichtet sein und hätte Anspruch auf Lohnfortzahlung bzw. Krankengeld; denn die wenigsten ArbN dürften sich normalerweise in einem „Zustand vollständigen geistigen, körperlichen und sozialen Wohlbefindens"[14] befinden[15].

Es ist daher nicht realistisch, ein „subjektives Wohlbefinden", gar ein „Höchstmaß an Wohlbefinden" als Ziel „menschengerechter Arbeitsgestaltung" vorzugeben[16]. *Richardi*[17] will die Gestaltung der Arbeit dann als menschengerecht ansehen,

[12] Zu dieser Frage noch unten § 3 II, 4, 5 und 6.

[13] Vgl. *Birkwald / Pornschlegel*, S. 38; dagegen *Natzel*, S. 23 ff. (35).

[14] BGBl. II 1974, 45: „Gesundheit ist ein Zustand völligen körperlichen, seelischen und sozialen Wohlbefindens und nicht nur das Freisein von Krankheit oder Gebrechen."

[15] Vgl. dazu *Illich*, Die Enteignung der Gesundheit — Medical Nemesis — Reinbeck 1975; dazu *Baier, von Ferber* u. a., Maßlose Medizin? Antworten auf *Ivan Illich*, Berlin — Heidelberg — New York 1975.

[16] Zutreffend *Natzel*, S. 35 mit Nachweisen über den gewerkschaftlichen Sprachgebrauch.

„wenn sie so beschaffen ist, daß die Leistungsfähigkeit eines ArbN nicht überfordert wird, Gefahr für Leben und Gesundheit ausgeschlossen werden und die Arbeitsleistung unter höchstmöglicher Wahrung des körperlichen und seelischen Wohlbefindens erbracht werden kann".

Immerhin ist damit die Forderung auf ein „Höchstmaß von Wohlbefinden" auf die höchst*mögliche* Wahrung des körperlichen und seelischen Wohlbefindens reduziert.

Sachgerechter und realistischer wird ansonsten in der juristischen Literatur[18] die Forderung auf „menschengerechte Gestaltung" der Arbeit ganz überwiegend auch nur dahin verstanden, daß die menschlichen Leistungsgrenzen nicht überfordert, die Arbeit besser an den Menschen angepaßt, das Streben nach optimaler Wirtschaftlichkeit zurückgedrängt und die Humankriterien neben den ökonomischen und technischen Bedingungen *gleichrangig* beachtet werden sollen. Im Vorfeld des gesetzlichen Arbeits- und Gesundheitsschutzes (§ 87 Nr. 7) sollen mit diesen Regelungen insbesondere auch solche besonderen Belastungen vermieden werden, die langfristig zu Gesundheitsschäden führen können.

b) Die Stufentheorie von Rohmert

Wertvoll und weiterführend ist — auch juristisch — der Versuch des Direktors des Instituts für Arbeitswissenschaft der Techn. Hochschule Darmstadt, *Walter Rohmert*, den Begriff der menschengerechten Arbeitsgestaltung in vier Stufen zu zergliedern[19]:

(1) Ausführbarkeit der Arbeit;

(2) Erträglichkeit der Arbeit (Dauerleistungsgrenze);

(3) Zumutbarkeit;

(4) Zufriedenheit mit der Arbeit.

Diese Stufung, Abschichtung, Differenzierung ist ein Denkansatz, der im Prinzip sowohl von Arbeitgeber- wie von Gewerkschaftsseite ak-

---

17 *Dietz / Richardi*, § 90 Rdnr. 16.

18 *Fitting / Auffarth / Kaiser*, vor § 89 Rdnr. 2; *Galperin / Löwisch*, § 90 Rdnr. 10; *GK-Wiese* (§ 90 Rdnr. 17) dessen Versuch, den Begriff „gesicherter Erkenntnis" vor und ohne das Ziel der „menschengerechten Gestaltung" zu klären, jedoch methodisch verfehlt ist.

19 Die grundlegende Arbeit *Rohmerts* hierzu stand mir leider nicht zur Verfügung; vorgelegen haben mir: *Luczak / Rohmert*, DFG-Denkschrift; *Rohmert*, Südd. Z.; *Haider / Rohmert*, S. 25; *Rohmert / Rutenfranz*, Arbeitswissenschaftliche Beurteilung der Belastung und Beanspruchung an unterschiedlichen industriellen Arbeitsplätzen, Ein Gutachten herausgegeben vom Bundesminister für Arbeit und Sozialordnung, Bonn 1975; *Rohmert / Landau*, Das arbeitswissenschaftliche Erhebungsverfahren zur Tätigkeitsanalyse (AET), Wien 1979; im übrigen war ich auf die Zitate bei *Birkwald / Pornschlegel* und *Natzel* angewiesen.

zeptiert werden kann. *Birkwald / Pornschlegel*[20] funktionieren die Zufriedenheit im Sinne *Rohmerts* freilich in ein „subjektives Wohlbefinden“ um, das sie als einen Zustand definieren,

„der von möglichst allen oder den meisten betroffenen ArbN als zufriedenstellend empfunden wird. Damit nähert sich der Zustand der subjektiven Zufriedenheit dem Begriff der Gesundheit, wie ihn die WHO geprägt hat: Gesundheit ist ‚der Zustand vollständigen geistigen, körperlichen und sozialen Wohlbefindens‘ des Menschen“.

Dennoch bleiben auch *Birkwald / Pornschlegel* noch auf dem Boden der Realität, indem sie anerkennen, daß die „subjektive Zufriedenheit“ auf der vierten Ebene arbeitswissenschaftlicher Erkenntnisse nicht *naturwissenschaftlich* feststellbar ist, sondern als „gesicherte Erkenntnis“ eine „breite Übereinstimmung“ der gesellschaftlichen Gruppen erfordert[21], und dabei auch nicht verkennen, daß eine *Interessenabwägung* mit entgegenstehenden wirtschaftlichen Zielen[22] notwendig ist.

Nach *Rohmerts* Stufentheorie sind zunächst die Naturforscher, Techniker und Mediziner zu befragen, ob die Arbeit von einem durchschnittlichen oder besonders qualifizierten Menschen ausgeführt werden *kann,* wohl auch, wie sie *am leichtesten* ausgeführt werden *kann;* dann insbesondere die Mediziner zu fragen, ob der Mensch *auf Dauer* diese Arbeit *aushalten kann;* drittens soll dann die Allgemeinheit — wohl mit Hilfe der Soziologen — befragt werden, ob den Mitmenschen solche Arbeit *zugemutet* werden *kann* und *darf;* und viertens schließlich soll auch der Einzelne befragt werden — wohl mit Hilfe der Psychologen — ob er mit solcher Arbeit (subjektiv) zufrieden ist[23].

Diese Stufung oder Abschichtung des Begriffs der menschengerechten Arbeitsgestaltung macht deutlich, daß die Frage, ob ein Arbeitsplatz, ein Arbeitsverfahren oder Arbeitsablauf menschengerecht gestaltet ist, auf der Grundlage ganz verschiedener Fakten, Erkenntnisse, Werturteile verneint werden kann. Einige Beispiele mögen das verdeutlichen.

(1) Ein Blinder kann an einem Bildschirm nicht arbeiten, das ergibt sich aus einem jedermann einsichtigen Naturgesetz; auch für einen an sich Sehenden ist die Arbeit nicht *ausführbar,* wenn die Sonne direkt auf den Bildschirm scheint.

(2 a) Ein Mensch mit unausgeglichenen Sehfehlern kann jedenfalls *auf Dauer* nicht ohne Beeinträchtigungen und Beschwerden an einem

---

[20] S. 38.

[21] S. 38.

[22] Vgl. S. 55 ff. (62).

[23] Vgl. insbes. *Rohmert,* Südd. Z.; Befragungen dieser Art bilden den Forschungsbericht von *Gaugler* u. a., „Rationalisierung und Humanisierung von Büroarbeiten“; Auszüge in: Rationalisierung im Büro, S. 28 ff.

Bildschirm arbeiten, wenn die Sehfehler nicht mit einer Brille ausgeglichen werden. Auch diese *Unerträglichkeit* kann naturwissenschaftlich-medizinisch nachgewiesen werden.

(2 b) Fluglotsen müssen in regelmäßigen Abständen Erholungspausen bei ihrer „Bildschirmarbeit" einlegen, weil die geringste Konzentrationsschwäche, der kleinste Fehler tödliche Folgen haben könnte. In welchem Abstand diese Pausen zu nehmen sind, welche Höchstarbeitszeit erträglich ist, ist nicht von dem Bildschirm (Radargerät) abhängig, sondern von der am konkreten Arbeitsplatz erforderlichen Arbeitsleistung und Konzentration, auch von der Kondition des Lotsen. Die durchschnittlichen Werte können — ebenso wie bei Parlamentsstenografen und Croupiers — nur auf Grund von Erfahrungswissen bestimmt werden, wobei die Höhe des Fehlerrisikos einen entsprechenden *Sicherheitsabstand* gebietet. Diese Grenze ist bestimmt durch die Frage, welche Zeitspanne es den Angehörigen (und zwar jedem!) dieser Berufsgruppe möglich ist, absolut fehlerfrei zu arbeiten. In diesem Beispiel wird die *Erträglichkeit* durch das Gefahrenrisiko, das zu möglichst absolut fehlerfreier Arbeit zwingt, weiter herabgesetzt.

(3) Erst auf der nächsten Ebene taucht die Frage auf, wie lange es einem ArbN (z. B. auf einem Arbeitsplatz zur Überwachung unzüchtigen Filmmaterials in der Bundesprüfstelle) *zugemutet* werden kann, in einen Bildschirm zu gucken. Grundlage dieser Entscheidung sind ganz andere Tatsachen, Wertprämissen und Vorurteile: Das Vorverständnis zum Verhältnis Arbeitszeit—Freizeit im allgemeinen; das Vorurteil über die Notwendigkeit der Kontrolle unzüchtigen Filmmaterials; die Höhe der Besoldung des Kontrolleurs etc. Entsprechendes gilt für die Arbeitsleistungen der Müllmänner, Latrinenreiniger, Leichenwäscher etc. Diese Fragen können nicht mehr von einem Sachverständigen auf Grund des Erfahrungswissens und der Methoden einer wissenschaftlichen Disziplin beantwortet werden.

(4) Schließlich kann jedermann mit der Arbeit des erwählten oder sonst erlangten Berufes unzufrieden sein. Ich kenne Kollegen aus allen Fakultäten, die ungern Vorlesungen halten und auch ansonsten stets unzufrieden mit ihrer Arbeit sind[23a].

Die Beispiele, die sich beliebig vermehren ließen, sollten die *Grenzen* diesbezüglicher arbeitswissenschaftlicher Erkenntnisse aufzeigen. Die Arbeitsmediziner und andere Arbeitswissenschaftler können und dürfen lediglich die Gesundheits- und Sicherheitsfragen beantworten, also welchen *Belastungen* und *Beanspruchungen*[24] ein Mensch durch eine be-

---

[23a] Das wird jetzt auch mit Methode dargelegt von *Cakir / Hart / Stewart*, Bildschirmarbeitsplätze, S. 238 ff.

stimmte Arbeit *tatsächlich ausgesetzt wird*, welchen Belastungen er zeitweise und *auf Dauer* ausgesetzt werden *kann*, in welchem Maß im Verlauf der Dauerleistung die Belastung und damit die Gesundheitsgefahren und die Fehlerhaftigkeit seiner Arbeitsleistung ansteigt etc. Welchen Belastungen ein durchschnittlicher Mensch im Arbeitsprozeß jedoch außerhalb der Grenze der Gesundheits- und Sicherheitsgefahr ausgesetzt werden *darf*, ist eine rechtliche oder rechts- bzw. gesellschaftspolitische Frage außerhalb der Kompetenz der Arbeitswissenschaft(en). Allerdings können die Sozialforscher (Arbeitssoziologen, Arbeitspsychologen) wohl herausfinden, welche *Meinungen* eine bestimmte Gruppe von Menschen zu der Frage hat, wieviel Arbeit im allgemeinen und wieviel Arbeit einer besonderen Art (z. B. Arbeit am Bildschirmterminal) ihnen und anderen Mitmenschen *zugemutet* werden darf. Dieser Meinung kommt jedoch weder für die Befragten noch gar für einen anderen Menschen und die Allgemeinheit eine *rechtlich verbindliche* Kraft zu[25]. Das gilt trotz der vorherrschenden Tendenz des Abbaus unserer repräsentativen, parlamentarischen Demokratie zugunsten einer „Demokratisierung" aller gesellschaftlichen Bereiche. Die Frage, welches Maß (Umfang) an Arbeit — im allgemeinen oder von bestimmter Art — außerhalb des Bereichs von Gesundheits- und Sicherheitsgefahren „menschengerecht" (zumutbar im Sinne von Rohmert) ist, kann also nur von den Betroffenen selbst in den *Einzelarbeitsverträgen* oder in den *Tarifverträgen* oder auch in freiwilligen Betriebsvereinbarungen vereinbart oder vom Staat oder einer zur Rechtssetzung ermächtigten Stelle in einem rechtsförmlichen Verfahren durch *Gesetz* (Arbeitszeitordnung, Ladenschlußgesetz) oder nachgeordnete *Rechtssätze* festgelegt werden. Zu diesen Rechtsquellen gehört jedoch nicht die herrschende Meinung der Arbeitswissenschaftler, auch nicht über das Einfallstor des § 91.

4. Die Voraussetzungen „gesicherter Erkenntnis"

Auf der Basis der verfassungsrechtlich determinierten Rechtsquellenlehre und einer realistischen Bestimmung dessen, was menschengerechte Gestaltung der Arbeit ist, muß nun geklärt werden, was als *gesicherte arbeitswissenschaftliche Erkenntnis* verstanden werden darf.

---

[24] In der Arbeitswissenschaft wird im Anschluß an die Ingenieurwissenschaften (Werkstoffkunde, techn. Mechanik) zwischen (objektiver) *Belastung* und (subjektiver) *Beanspruchung* unterschieden, wobei letztere die individuelle Leistungsfähigkeit bedingt durch Konstitution, Übung, Fertigkeit etc. berücksichtigt; vgl. *Rohmert / Laurig*, S. 11 f.

[25] Zu ähnlichem Ergebnis kommt auch *Rohmert*, indem er die 3. u. 4. Stufe (Zumutbarkeit; Zufriedenheit) nicht mehr der „Arbeitswissenschaft" zuordnet; leider standen mir gerade diese Ausführungen *Rohmerts*, die m. E. in Widerspruch stehen zu der „Zweizieligkeit" der Arbeitswissenschaft (vgl. § 3 Fn. 6) nicht zur Verfügung; vgl. dazu aber *Natzel*, S. 35, 47 ff.

a) Die Definition von Natzel

In der Literatur[26] werden arbeitswissenschaftliche Erkenntnisse in Anlehnung an die Inhaltsbestimmung der Formel „anerkannte Regeln der Technik" überwiegend dann als „gesichert" begriffen, wenn sie

(1) methodisch erforscht,

(2) praktisch erprobt und bewährt sind — und

(3) Allgemeingeltung haben.

Diese Definition ist jedoch teils zu eng, teils zu weit und berücksichtigt auch nicht hinreichend die Besonderheit der *Vielgestaltigkeit* arbeitswissenschaftlicher Erkenntnisse.

b) Praktisch erprobt und bewährt

Die Definition ist zu eng, wenn sie fordert, daß die arbeitswissenschaftlichen Erkenntnisse praktisch *erprobt* und *bewährt* sein müssen[27].

Das Maß der Sicherheit der arbeitswissenschaftlichen Erkenntnisse ist am Normzweck des § 91 auszurichten, d. h. am Ziel der menschengerechten Gestaltung der Arbeit. Auch wenn realistischerweise dieses Ziel nicht darin bestehen kann, ein „Höchstmaß an Wohlbefinden" für jeden ArbN zu erreichen, so ist es doch nicht Sinn und Zweck der §§ 90, 91, bei der Änderung der Arbeitsplätze, des Arbeitsablaufs oder der Arbeitsumgebung an das schon in der Vergangenheit allgemein An-

---

[26] Vgl. *Natzel,* S. 42 m. w. Nachw.; *Kammann / Hess / Schlochauer,* § 90 Rdnr. 19; *Stege / Weinspach,* § 90 Rdnr. 15; *Fitting / Auffarth / Kaiser,* vor § 89 Rdnr. 7 a; *GK-Wiese,* § 90 Rdnr. 16 hält praktische Bewährung für entbehrlich; *Galperin / Löwisch* (§ 91 Rdnr. 4 ff.) hält dagegen die empirische Absicherung für grundsätzlich geboten, sofern nicht die Erkenntnis in DIN-Normen oder ähnlich organisierten Regelungswerken anerkannt wird; im allgemeinen sind die Darstellungen sehr diffus und verwischen die Problematik mehr, als daß sie sie klären.

[27] Ähnlich *GK-Wiese,* § 90 Rdnr. 16; differenzierend *Dietz / Richardi,* § 90 Rdnr. 15; *LAG Baden-Württemberg,* E.verz. Nr. 44, S. 10: „Entgegen *Fitting / Auffarth / Kaiser* (vor § 89 Rdnr. 7a) erscheint das Moment praktischer Bewährung unverzichtbar." Abstrakt ebenso *LAG Berlin* (E.verz. Nr. 45), bei der Subsumtion läßt das Gericht das Merkmal der praktischen Bewährung jedoch völlig außer Betracht (S. 41 ff.) und auf S. 53 heißt es dann: „Soweit diese Erkenntnisse nicht ausreichend erforscht und gesichert erscheinen, ist darauf hinzuweisen, daß bei Einführung neuer Techniken, zu denen die Datensichtgeräte gehören, nicht den Arbeitnehmern das aus Erkenntnislücken entstehende Beanspruchungsrisiko aufgebürdet werden *(Schulte,* Bundesministerium für Arbeit und Sozialordnung, in Technischer Fortschritt und soziale Verantwortung, Referat gehalten auf der Tagung „Das Datensichtgerät als Arbeitsmittel II" v. 20.—21. 11. 1980 in Berlin, veranstaltet von Ergonomie, Institut für Arbeits- und Sozialforschung, Forschungsgesellschaft mbH, Hardenbergstr. 20, 1000 Berlin 12) darf." Auf diesem Wege kommt das LAG Berlin zu weitgehenden MBR des BR bei der Einrichtung von BAP außerhalb der gesetzlichen Mitbestimmungstatbestände.

erkannte und praktisch Bewährte anzuknüpfen[28], sondern es ist die Aufgabe gestellt, etwas Besseres, Sichereres, Schöneres, Angenehmeres zu gestalten[29]. Bei der Vergleichung mit dem Recht der Sicherheitstechnik ist es daher richtiger, die Bestimmung des Inhalts des Verweisblanketts „gesicherte arbeitswissenschaftliche Erkenntnisse" entsprechend der Formulierung „Stand der Technik"[30] vorzunehmen und nicht entsprechend der Formel „anerkannte Regeln der Technik"[31]. Auch für den „Stand der Technik" ist die allgemeine Anerkennung der Experten und eine praktische Bewährung nicht erforderlich; die zur Entscheidung angerufenen Gerichte, Behörden oder sonstige Stellen müssen vielmehr „an der Front" entscheiden, „was technisch notwendig, geeignet, angemessen und vermeidbar ist"[32]. Damit ist nicht gesagt, daß die „praktische Eignung" außer Betracht gelassen werden dürfte.

Entsprechend der in § 3 Abs. 6 S. 2 BImSchG vorgeschlagenen Methode sind vielmehr mangels praktischer Bewährung bzw. empirischer Absicherung zur Bestimmung der praktischen Eignung „vergleichbare Verfahren, Einrichtungen oder Betriebsweisen heranzuziehen, die mit Erfolg im Betrieb erprobt worden sind"[33].

Von den Sicherheitsregeln des Hauptverbandes der Berufsgenossenschaften[34] könnten demgemäß z. B. die Vorschriften betreffend die Tastatur (4.3.2.) und Vorlagehalter (4.5.1. und 4.8.4.) nur dann als „gesicherte arbeitswissenschaftliche Erkenntnisse" anerkannt werden, wenn sie sich an Schreibmaschinenarbeitsplätzen als erforderlich, praktisch geeignet und angemessen erwiesen hätten.

Es kann jedoch nicht richtig sein, daß zur Vermeidung „stark ermüdender oder gesundheitsschädlicher Körperhaltungen" (in den Sicherheitsregeln ständig wiederholte Zweckbestimmung) für BAP Standards aufgestellt werden, die an anderen Arbeitsplätzen auch nicht annähernd erreicht und für völlig unangemessen gehalten werden[34a]. Nicht nur bei

[28] Das aber war und ist der Sinn der Erkenntnisse, die mit der Formel „anerkannte Regeln der Technik" erfaßt werden sollen; dazu grundlegend *Marburger*, S. 145 ff. (149 f.); ferner *BVerfG* NJW 1979, 359 ff. (362) — Kalkar-Beschluß —.

[29] Auf die „gesicherten arbeitswissenschaftlichen Erkenntnisse" verweist auch § 3 ArbStättVO; § 3 Abs. 4 Störfall-VO verweist auf den „Stand der wissenschaftlichen Erkenntnisse" und die §§ 3, 13, 17 ChemG auf den „jeweiligen Stand der wissenschaftlichen Erkenntnis".

[30] Vgl. *Marburger*, S. 158 ff.; *BVerfG* NJW 1979, 362; ferner *Breuer*, AöR 101 (1976), S. 46 ff. (S. 51 mit umfangreichen Verweisbeispielen in Fn. 30).

[31] Vgl. *Marburger*, S. 145 ff.; *Breuer*, AöR, 101 (1976), S. 51 Fn. 29.

[32] *BVerfG* NJW 1979, 362 im Anschluß an *Breuer*, AöR 101 (1976), S. 68.

[33] *Marburger*, S. 160.

[34] Vgl. hierzu unten § 3 II, 5 d.

[34a] Gegen dieses Prinzip verstößt vor allem das *LAG Berlin* (E.verz. Nr. 45, S. 47), indem es u. a. die Sicherheitsregeln 4.5.1. und 4.8.4. als gesicherte Er-

freiwilligen Leistungen des ArbGeb, sondern auch bei anderen Arbeitsbedingungen im Betrieb ist grundsätzlich der *Gleichbehandlungsgrundsatz* zu beachten; auch bei Anforderungen an die Gestaltung der Arbeitsplätze. Wie zu hören ist, lehnen in einigen Betrieben die Betriebsräte es deswegen auch ab, sich für die in den Musterbetriebsvereinbarungen der Gewerkschaften erhobenen Forderungen bei der Einrichtung von BAP einzusetzen, solange nicht zuerst die Arbeitsplätze in der Produktion wesentlich „menschengerechter" gestaltet worden sind[35]. Diese „Systemvergleichung" in der Laiensphäre durch die Betriebsräte und ArbN in den Betrieben entspricht der vorstehend in Anlehnung an § 3 Abs. 6 S. 2 BImSchG entwickelten Methode zur Bestimmung „gesicherter arbeitswissenschaftlicher Erkenntnisse", die in den Musterbetriebsvereinbarungen der Gewerkschaften, aber auch in den Sicherheitsregeln des Hauptverbandes der Berufsgenossenschaften bisher weitgehend außer Betracht geblieben zu sein scheint.

Die Forderung, daß arbeitswissenschaftliche Erkenntnisse empirisch abgesichert, praktisch bewährt und erprobt sein müssen, läßt ferner außer Betracht, daß arbeitswissenschaftliche Erkenntnisse nicht nur in arbeitsmedizinischen und sonstigen naturwissenschaftlichen Erkenntnissen bestehen, sondern darüber hinaus in Erkenntnissen aus den Gebieten der *Geistes-* und *Gesellschaftswissenschaften*[36]. Geistes- und gesellschaftswissenschaftliche Erkenntnisse können jedoch grundsätzlich experimentell nicht erprobt und bestätigt werden. Zumindest stören und verfälschen die Untersuchungsmethoden in aller Regel das Untersuchungsfeld. Wenn man auf Grund soziologischer, psychologischer und sonstiger — vielleicht sogar ökonomischer — Forschungen zur Erkenntnis kommt, daß es nicht menschengerecht ist, 40, 35, 30 und am Bildschirm mehr als 5 × 4 = 20 Stunden in der Woche zu arbeiten, so können diese Erkenntnisse empirisch und praktisch kaum erprobt und bestätigt und allenfalls durch ein fallendes *Bruttosozialprodukt* und steigendes *Außenhandelsdefizit* und massenhafte Firmenbankrotte widerlegt werden. Auch können die Soziologen und Psychologen die Menschen befragen, unter welchen Bedingungen sie ein höheres Maß an Wohlbefinden haben, aber diese Antworten können für andere Menschen und die Allgemeinheit keine rechtliche Verbindlichkeit bean-

kenntnisse akzeptiert und wegen fehlendem Platz für Belege den Tatbestand des § 91 als gegeben erachtet.

[35] Im Prinzip ebenso *Birkwald / Pornschlegel*, S. 38: „Geht es um die Bedingungen der oberen und mittleren Führungskräfte im Betrieb wird heute auch selbstverständlich Arbeitszufriedenheit als ein wesentliches Ziel gesehen. Es ist nicht mehr als recht und billig, die *gleichen* (? — Fragezeichen und Hervorh. v. Verf.) Forderungen auch für jeden Arbeiter und Angestellten geltend zu machen."

[36] Zutreffend erkannt jedoch von *Birkwald / Pornschlegel*, S. 30 ff.

sprüchen. Im übrigen dürften die Antworten von vielen bewußtseinsbildenden Faktoren zur Zeit der Befragung, nicht zuletzt davon abhängig sein, ob die Arbeitszeitverkürzungen unter vollem oder teilweisem Lohnausgleich geschehen sollen.

Im Ergebnis bedeutet dies, daß arbeitswissenschaftliche Erkenntnisse zur menschengerechten Gestaltung der Arbeit, die über die naturwissenschaftlich erforschbare Gefahrenabwehr hinausgehen und daher auch empirisch weder verifiziert noch falsifiziert werden können, als „gesicherte Erkenntnisse" nur dann anerkannt werden können, wenn sie in einem förmlichen Verfahren bestätigt worden sind[37].

Die Methoden zur Feststellung des Maßes der Sicherheit der arbeitswissenschaftlichen Erkenntnisse müssen der jeweiligen Art der wissenschaftlichen Disziplin und ihrer Forschungsmethoden entsprechen.

Nur naturwissenschaftliche Erkenntnisse können experimentell überprüft und praktisch erprobt werden; gesellschaftswissenschaftliche Erkenntnisse bedürfen der Anerkennung, d. h. eines Konsenses.

c) Interessenabwägung

Die *Natzel*sche Definition ist andererseits zu weit, weil sie die notwendige *Interessenabwägung* zwischen den verschiedenen Zielen der Arbeitswissenschaft, insbesondere aber zu den *ökonomischen Bedingungen* nicht in den Begriff der „gesicherten Erkenntnis" aufnimmt[38].

Zur Entscheidung darüber, wie sicher, wie angenehm, wie menschengerecht die Arbeitsplätze gestaltet werden sollen, ist stets eine Interessenabwägung notwendig. Am wenigsten angenehm, am wenigsten menschengerecht sind die Arbeitsplätze, die es gar nicht mehr gibt, die nicht geschaffen werden können oder wegfallen, weil sie ökonomisch nicht tragbar sind. *Sozialer Fortschritt ist stets nur möglich innerhalb der ökonomischen Grenzen*[39]. Das gilt nicht nur in kapitalistischen, sondern auch in sozialistischen Staaten mit einer Plan- und Verwaltungswirtschaft.

Im Recht der Sicherheitstechnik heißt der Grundsatz: Je höher die Gefährdung, desto höher die Sicherheitsanforderungen, desto höher die

---

[37] Ähnlich auch *Birkwald / Pornschlegel*, S. 35 ff.: Mit breitem Konsens kollektiv vereinbart (*Tafel*, S. 40). Die Rechtsformen bleiben bei diesen Autoren allerdings stets etwas im Unklaren.

[38] Nur mittels solcher Interessenabwägungen kann die „Zweizieligkeit" der Arbeitswissenschaft (vgl. § 3 Fn. 6) erhalten und der „ideologie-geleitete Totalitätsanspruch" (im Sinne von *Luczak / Rohmert*, S. 19) einiger der Sozialwissenschaft entstammender Arbeitswissenschaftler abgewehrt werden.

[39] So schon *Kreß*, ASchuR, S. 136; neuerdings klar auch *Stützel*, Sicherung der sozialen Marktwirtschaft, S. 19 ff.

zumutbare Kostenbelastung[40]. Aber selbst beim Bau von Schnellen Brütern wird man um der notwendigen Energieversorgung willen ein Restrisiko hinnehmen müssen: „Erst die Zukunft wird erweisen", so sagt das *BVerfG*[41] in der Kalkar-Entscheidung, „ob die Anwendung der Brütertechnik mehr zum Nutzen oder zum Schaden gereicht".

Solcher Art hinzunehmende Risiken gibt es seit alters her auch im Arbeitsleben und im Recht des Arbeitsschutzes, sonst dürfte es keine *Berufskrankheiten* geben. Die heile Welt ist nicht machbar. Annäherungen dürfen erstrebt werden, der Rest ist stets eine Frage der Abwägung. Der Abwägungsprozeß ist im Arbeitsschutzrecht wegen der Vielzahl der zuständigen wissenschaftlichen Fachdisziplinen (Arbeitswissenschaften) komplexer und daher eher noch schwieriger als im Bereich der Sicherheitstechnik, wo die Methoden und Erkenntnisse von Psychologen und Soziologen und anderen Gesellschaftswissenschaftlern sowie das manipulierbare Bewußtsein der Menschen weitgehend außer Betracht bleiben können.

Problematisch ist aber auch die Methode des Interessenausgleichs zwischen den Erkenntnissen verschiedener wissenschaftlicher Fachdisziplinen aus dem Bereich der Arbeitswissenschaften in bezug auf denselben oder die gleichen oder auch miteinander in Zusammenhang stehende Forschungs- und Erkenntnisgegenstände. In solchen Fällen divergierender Erkenntnisse kann nicht eine Teildisziplin ihre (reine) Erkenntnis als „gesicherte *arbeitswissenschaftliche* Erkenntnis" betrachten, solange nicht die Widersprüche oder Gegensätze zu den Erkenntnissen der anderen Teildisziplinen aufgelöst, ausgeräumt oder kompromißartig ausgeglichen sind. Das gilt insbesondere, aber nicht allein, für die ergonomischen, betriebs- und volkswirtschaftlichen Aspekte, d. h. im Hinblick auf die ökonomische Tragbarkeit des Bestrebens zu menschengerechter Arbeitsgestaltung.

In vielen Fällen kann ziemlich exakt methodisch erforscht und empirisch abgesichert werden, daß eine bestimmte Tätigkeit, der Umgang mit einem bestimmten Stoff unfallträchtig oder gesundheitsgefährdend ist sowie unter welchen Bedingungen diese Gefahren vermindert oder beseitigt werden können. Methodisch erforschte (natur-)wissenschaftliche Erkenntnisse dieser Art können in der Regel auch praktisch erprobt und bestätigt werden. So weiß die Arbeitsmedizin z. B. seit langem, daß langjährige Arbeit im Steinkohlenbergbau häufig zur Berufskrankheit der *Staublunge* führt. Dennoch haben auch die Knappschaften noch nie die Einstellung der Arbeit im Kohlenbergbau gefordert. Ent-

---

[40] *BVerfG* NJW 1979, 362; *Marburger,* S. 161.

[41] *BVerfG* NJW 1979, 361.

sprechendes gilt für alle Tätigkeiten, die erfahrungsgemäß zu den *Berufskrankheiten* führen, die durch Rechtsverordnung der Bundesregierung in den Katalog des § 551 RVO aufgenommen worden sind. Die Arbeitsmedizin kann also zwar in gesicherter Weise erkennen, welche Arbeitsleistungen zu welchen Gesundheitsgefährdungen und Erkrankungen führen, auch wie und in welchem Maße die Gefährdung eingeschränkt oder verhindert werden kann, sie hat aber keine alleinige Kompetenzentscheidung darüber, ob und inwieweit solche „in der Natur der Dienstleistung bzw. des Betriebs" (vgl. §§ 618 BGB, 62 HGB, 120 a GewO) liegenden Gefahren hingenommen werden dürfen oder müssen.

Der geforderte Abwägungsprozeß nach Maßgabe des *Verhältnismäßigkeitsgrundsatzes*[42] zur Feststellung „gesicherter arbeitswissenschaftlicher Erkenntnisse über die menschengerechte Gestaltung der Arbeit" ist auch nicht etwa deswegen entbehrlich, weil nur ein „offensichtlicher Widerspruch" dazu das MBR des § 91 auslöst. Die Notwendigkeit der Abwägung innerhalb des Begriffs der „gesicherten Erkenntnis" folgt zunächst schon aus einem praktischen Erfordernis; denn nach § 90 *soll* der ArbGeb die „gesicherten arbeitswissenschaftlichen Erkenntnisse" bei der Gestaltung der Arbeitsplätze berücksichtigen. Dieses *Sollen* des ArbGeb (auch wenn es nicht mit Sanktionen bedroht ist) kann aber nur darauf gerichtet sein, ökonomisch zumutbare und machbare, mit allen anderen Teildisziplinen der Arbeitswissenschaften abgestimmte, arbeitswissenschaftliche Erkenntnisse zu verwirklichen. Darüber hinaus besteht aber noch eine theoretische Notwendigkeit zu solcher Abwägung als *Voraussetzung* der Feststellung „gesicherter arbeitswissenschaftlicher Erkenntnisse".

Selbstverständlich stehen alle Arbeitsleistungen, die nach der Lebenserfahrung und medizinischen Erkenntnissen mit größerer Wahrscheinlichkeit das Leben verkürzende Berufskrankheiten (z. B. Staublunge) zur Folge haben, in einem offensichtlichen Widerspruch zu den medizinischen Erkenntnissen, die zur Aufnahme dieser Krankheit in den Katalog der Berufskrankheiten (§ 551 RVO) geführt haben. Dennoch verstoßen solche Arbeitsleistungen nicht gegen „gesicherte *arbeitswissenschaftliche* Erkenntnisse", wenn und soweit die bestehenden gesetzlichen Arbeitsschutz- und Unfallverhütungsvorschriften eingehalten werden, weil die „Natur des Betriebs" es nicht anders gestattet (§§ 120 a GewO, 618 BGB, 62 HGB) und die Arbeitsleistungen volkswirtschaftlich unverzichtbar sind. Denn sonst dürfte kein Katalog über Berufskrankheiten aufgestellt werden, sondern die zu solchen Berufskrankheiten führenden Arbeiten müßten verboten werden.

---

[42] Vgl. *Grabitz*, AöR 98 (1973), S. 568 ff.

d) *Allgemeingeltung*

Der Gesetzgeber benutzt in den §§ 90, 91 mit dem Verweis auf die „gesicherten arbeitswissenschaftlichen Erkenntnisse" die vor allem im Recht der Sicherheitstechnik entwickelte Gesetzgebungsmethode mit allen Vorteilen aber auch Nachteilen dieses Verfahrens.

Die Vorteile bestehen hier wie dort in der Entlastungs- und Dynamisierungsfunktion des Blankettverweises[43]. Die Entlastung liegt darin, daß der Gesetzgeber sich selbst und das Gesetz von den komplizierten Detailregelungen meist technischer und (arbeits-)medizinischer Natur freihält. Die Dynamisierung (Flexibilität) liegt darin, daß auf den jeweiligen Stand der „gesicherten arbeitswissenschaftlichen Erkenntnisse" verwiesen wird, womit das unvermeidbare, ständige Hinterherhinken des Gesetz- oder Verordnungsgebers hinter der wissenschaftlichen Entwicklung vermieden wird.

Die Nachteile dieser Gesetzgebungsmethode ergeben sich gleichfalls hier wie dort daraus, daß mit Hilfe des Blankettverweises ohne gesetzliche Grundlage in Freiheit und Eigentum des betroffenen Bürgers (ArbGeb) eingegriffen wird[44]. Da der Gesetzgeber in § 91 jedoch nicht starr auf bestimmte (technische) Regeln der Arbeitswissenschaft (DIN-Normen, Sicherheitsregeln u. a.), sondern auf die „gesicherten arbeitswissenschaftlichen Erkenntnisse über die menschengerechte Gestaltung der Arbeit" verweist, legt die Norm mit diesem Blankett (*unbestimmter Rechtsbegriff*) die Rechtspflichten des Normadressaten selbst abschließend fest und ist daher verfassungsrechtlich unbedenklich[45]. Die Einigungsstelle und letztlich der Richter (sofern die Betriebsparteien sich nicht einigen) müssen also selbst feststellen, was eine menschengerechte Gestaltung der Arbeit ist und zur Konkretisierung dieser offenen Formel sich der „gesicherten arbeitswissenschaftlichen Erkenntnisse" bedienen.

Die Frage ist nun, ob im Streitfalle die Gerichte zu entscheiden haben, was im Zeitpunkt der letzten mündlichen Verhandlung als „gesicherte arbeitswissenschaftliche Erkenntnis" betrachtet werden darf, oder erforschen und entscheiden müssen, was im Zeitpunkt von den zuständigen Experten allgemein anerkannt wird. In der arbeitsrechtlichen Literatur[46] wird bislang die Frage weder klar gestellt noch eindeutig beant-

[43] Für den Bereich des Rechts der Sicherheitstechnik vgl. vor allem *Marburger,* S. 110 ff., 147 f.; 379 ff.; *Breuer,* AöR 101 (1976), S. 49, 61; *Herschel,* S. 124 ff.

[44] Vgl. *BVerfG* NJW 1979, 362; *Marburger,* S. 379 ff. m. w. N.

[45] Vgl. *Marburger,* S. 395 ff. (405 f.); *Breuer,* AöR 101 (1976), S. 68 f.; *Herschel,* S. 124 ff.

[46] Vgl. *Natzel,* S. 42 ff., 52 f.; *Kammann / Hess / Schlochauer,* § 90 Rdnr. 19; *Stege / Weinspach,* § 90 Rdnr. 12 ff.; *GK-Wiese,* § 90 Rdnr. 16.

wortet. Aus der Anlehnung der *Natzel*schen Definition an die Formel „anerkannte Regeln der Technik" und der daraus folgenden Hervorhebung des Merkmals „Allgemeingeltung" könnte jedoch gefolgert werden, die Aufgabe des Richters sei im Entscheidungsfalle auf die Feststellung der Mehrheitsmeinung der Experten beschränkt. Richtig und unter verfassungsrechtlichen Aspekten allein vertretbar ist jedoch die auch im Recht der Sicherheitstechnik zu den Verweisformeln „Stand der Technik" und „Stand von Wissenschaft und Technik" vertretene Auffassung, daß die Gerichte auf der Grundlage der von Sachverständigen vorgetragenen Tatsachen und des von ihnen vermittelten Sachverstandes letztlich allein entscheiden müssen, was als „gesichert" anerkannt werden darf; notfalls müssen sie hierzu

> „in die Meinungsverschiedenheit der Techniker eintreten, um zu ermitteln, was technisch notwendig, geeignet, angemessen und vermeidbar ist"[47].

Die zu der Verweisformel „anerkannte Regeln der Technik" wohl überwiegend vertretene sog. subjektive Auslegung, die den Richter an den Meinungsstand der Experten bindet, ist, wie *Marburger*[48] überzeugend nachgewiesen hat, in der Strafrechts-Rechtsprechung entwickelt worden, wo sie ihren guten Sinn hatte und weiter hat, weil dem Täter kein Schuldvorwurf gemacht werden kann, wenn die Regeln, gegen die er verstoßen hat, in der Fachwelt zum Tatzeitpunkt noch nicht allgemein anerkannt waren. Im Arbeitsschutzrecht geht es jedoch ebensowenig wie im Recht der Sicherheitstechnik um einen Schuldvorwurf wegen eines Verhaltens in der Vergangenheit, sondern um Gefahren-

---

[47] So *BVerfG* NJW 1979, 362 im Anschluß an die grundlegenden Untersuchungen von *Breuer,* AöR 101 (1976), S. 68; ebenso *Marburger,* S. 145 ff. mit umfassender Darstellung der Problematik; abwegig dagegen *Nicklisch* (BB 1981, 505 ff.), der auf der Grundlage der strafrechtlichen Rspr. des RG *(RGSt* 44, 75) zu der These kommt, „daß die Bezugnahmen des technischen Sicherheitsrechts auf technische Standards im Sinne einer (kontrollierten) Rezeption zu verstehen sind" und damit die Gerichte — abgesehen von einer ungeklärten „Richtigkeitskontrolle" — auf die Aufgabe beschränken will, die Mehrheitsmeinung unter den Experten festzustellen (S. 510 f.). *Nicklisch* behauptet, von der Richtigkeit seiner These überzeugt zu sein, müsse sie aber noch näher untersuchen und die Begründung noch ausarbeiten (S. 510). Er behauptet auch, das „Verweisungsproblem" werde in Rspr. u. Lit. nicht behandelt, es fehle eine Auseinandersetzung mit *RGSt* 44, 75. Dabei übersieht *Nicklisch* sowohl die Ausführungen Marburgers (S. 145 ff.) als auch den Kalkar-Beschluß des *BVerfG* (NJW 1979, 362) und zitiert statt dessen ohne näheren Nachweis Äußerungen *Bendas* über den Wert „empirischer Sozialforschung", mit welcher er auf diesem Felde die Entscheidungen der Gerichte ersetzen will. Die *Nicklisch*'sche These ist allerdings in den Kreisen der technischen Experten sehr populär. Bis zur versprochenen Ausarbeitung der Begründung durch *Nicklisch* ist jedoch die „Suprematie der rechtlichen Betrachtungsweise" (so schon *Oftinger,* S. 32; *Forsthoff,* S. 42 ff.; *Breuer,* AöR 101 (1976), S. 47, 60 ff.) aufrechtzuerhalten.

[48] S. 149 ff.

abwehr und bestmögliche Gestaltung der Verhältnisse in der Zukunft[48a]. Darum besteht kein Grund, den Richter an die Meinung der Experten zu binden, er kann mit Hilfe von Sachverständigen auch Erkenntnisse des neuesten Standes als gesichert betrachten, die sich in den Fachkreisen noch nicht allgemein durchgesetzt haben, die noch nicht herrschende Meinung bei den Experten geworden sind. Das folgt, wie dargelegt, aus dem Zweck des § 91, findet aber auch im Wortlaut des Gesetzes seinen Ausdruck, wo nicht auf die „anerkannten Regeln der Arbeitswissenschaft“, sondern auf die „arbeitswissenschaftlichen Erkenntnisse“ verwiesen wird. Entsprechend wie bei der Verweisformel „Stand der Technik“ oder „Stand von Wissenschaft und Technik“ soll auch durch die Verweisung auf die „gesicherten arbeitswissenschaftlichen Erkenntnisse“ der Richter zur Entscheidung nach dem neuesten Stand aufgefordert werden.

Freilich wird dieser Meinungsunterschied bei „reinen Sachverständigenprozessen“ im Ergebnis wohl nur selten erheblich sein, weil die Gerichte im allgemeinen die Mehrheitsmeinung der Experten akzeptieren werden. Der methodische Unterschied im Entscheidungsprozeß ist jedoch beachtlich und wird auch praktisch erheblich, wenn die Sachverständigen sich in irgendwelchen Vereinen versammeln oder in Gremien sich vereinigen und ihren Sachverstand in privaten Regelungswerken „normieren“. Die angeführten Verweisformeln geben solchen Sachverständigengremien oder Kommissionen keine Kompetenz zum Erlaß von Rechtssätzen (vgl. Art. 80 GG).

Die rechtsstaatlichen Schranken solcher Verweisungstechnik können auch nicht dadurch umgangen werden, daß die technischen Regeln als eine Art *Verkehrssitte* oder *Handelsbrauch* betrachtet und nach deren Art „rezipiert“ werden. Mit den gesetzlichen Verweisen[49] auf Verkehrssitte und Handelsbrauch wird eben nicht einer außerstaatlichen Stelle *Rechtssetzungsmacht* verliehen[50].

[48a] Insoweit sind die Referatsbemerkungen *Schultes*, die das *LAG Berlin* aufgegriffen hat (§ 3 Fn. 27) zu akzeptieren. Soweit jedoch in jenen Bemerkungen Vorurteile gegen die Einführung neuer Technologien (vgl. z. B. *Hexel*, Mitbestimmung bei Bildschirmarbeitsplätzen, S. 155 ff.) und utopische Humanisierungsvorstellungen zum Ausdruck kommen, sind diese im Interesse der Erhaltung der Wettbewerbsfähigkeit der deutschen Industrie und damit auch der Arbeitsplätze auf das Entschiedenste zurückzuweisen.

[49] Vgl. §§ 151, 157, 242 BGB; 346, 394 HGB; 114 GVG.

[50] So überzeugend *Breuer*, AöR 101 (1976), S. 65; zu den technischen Regeln als Handelsbrauch unter anderem Aspekt *Marburger*, S. 363 ff.; 505; vgl. aber auch *Herschel*, S. 124 ff.

5. Normierte Erkenntnisse

a) Gesetzliche und tarifliche Normen

Werden arbeitswissenschaftliche Erkenntnisse durch den Gesetz- oder Verordnungsgeber in einem Rechtssatz anerkannt oder in Unfallverhütungsvorschriften aufgenommen, so wird damit zugleich der Regelungsbereich des § 91 verlassen und ein MBR des BR kann nur noch nach § 87 Nr. 7 in Betracht kommen[51], soweit der Rechtssatz einen Ermessensspielraum enthält, der eine konkretisierende „Regelung" erforderlich macht.

Werden die arbeitswissenschaftlichen Erkenntnisse in Tarifnormen aufgenommen, so ist zu unterscheiden, ob der Tarifvertrag für den ArbGeb verbindlich ist oder der Betrieb außerhalb des Geltungsbereichs dieses Tarifvertrages liegt[52]. Ist die Tarifnorm für den ArbGeb verbindlich, so ist im Rahmen des Gesetzes Raum für ein MBR des BR nur, wenn und soweit der Tarifvertrag dies bestimmt; eine unmittelbare Anwendung der §§ 87 Nr. 7 oder 91 kommt in solchem Fall nicht in Betracht.

Für den Fall, daß die arbeitswissenschaftlichen Erkenntnisse in Tarifnormen enthalten sind, die für einen bestimmten Betrieb — außerhalb des Geltungsbereichs dieser Tarifnormen — nicht gelten, kann das *Faktum*, daß diese Erkenntnisse in Tarifnormen aufgenommen worden sind, unter Umständen auch ein Indiz dafür sein, daß die Erkenntnisse als „gesichert" anzusehen sind. Dies gilt um so mehr, desto weiter verbreitet, desto üblicher derartige Tarifnormen sind[53]. Allerdings ist in solchen Fällen auch stets zu prüfen, ob bezüglich der MBR des BR nicht die Sperrwirkung der §§ 77 Abs. 3 und 87 Abs. 1 (Eingangssatz) eingreift[54].

b) Arbeitsstättenrichtlinien

Nach § 3 Abs. 1 Nr. 1 ArbStättVO hat der ArbGeb

„die Arbeitsstätte nach dieser Verordnung, den sonst geltenden Arbeitsschutz- und Unfallverhütungsvorschriften und nach den allgemein anerkann-

[51] *Fitting / Auffarth / Kaiser* (vor § 89 Rdnr. 8), deren „griffige" Unterscheidung von gesetzlichem (was klar ist) und sog. autonomen Arbeitsschutz (was höchst unklar ist) jedoch wegen der Unklarheit des letzteren Bereichs abzulehnen ist. Vgl. ferner im Text unten § 3 IV, 2 c und d sowie § 4 Fn. 15.

[52] Vgl. *Galperin / Löwisch,* § 91 Rdnr. 8.

[53] Das *LAG Baden-Württemberg* (E.verz. Nr. 44, S. 12 f.) läßt jedoch Pausenregelungen bei Bildschirmarbeit in *zwei* Tarifverträgen hierfür (zu Recht) nicht genügen, denn Tarifregelungen werden mehr durch die Machtverhältnisse als durch wissenschaftliche Erkenntnisse bestimmt und berücksichtigen nicht alle betroffenen Interessen.

[54] Vgl. *Fitting / Auffarth / Kaiser,* 12. Aufl., § 77 Rdnr. 53 (die Bemerkungen sind in der 13. Aufl. gestrichen); vgl. dazu auch *LAG Berlin* (E.verz. Nr. 45, S. 55 f., 65) und *Einigungsstelle Ruhrchemie,* E.verz. Nr. 62, S. 11 f.

ten sicherheitstechnischen, arbeitsmedizinischen und hygienischen Regeln sowie den sonstigen gesicherten arbeitswissenschaftlichen Erkenntnissen einzurichten und zu betreiben".

Die Regeln und Erkenntnisse nach der vorstehenden Vorschrift sind gemäß § 3 Abs. 2 Satz 2 ArbStättVO insbesondere aus den *Arbeitsstättenrichtlinien* zu entnehmen. Die Arbeitsstättenrichtlinien werden gemäß § 3 Abs. 2 S. 1 ArbStättVO vom Bundesminister für Arbeit und Sozialordnung unter Hinzuziehung der fachlich beteiligten Kreise einschließlich der Spitzenorganisationen der ArbN und ArbGeb aufgestellt.

Gegen diese „Selbstermächtigung" des Bundesministers für Arbeit und Sozialordnung zur Schaffung „gesicherter arbeitswissenschaftlicher Erkenntnisse" werden verfassungsrechtliche Bedenken erhoben[55]. Diese Bedenken sind jedoch bei richtigem Verständnis (verfassungskonforme Auslegung) der Verweisung nicht durchschlagend. Nach richtigem Verständnis hat nämlich die „normkonkretisierende Verweisung"[56] auf die Arbeitsstättenrichtlinien nur die Bedeutung einer prozessualen *Beweislastregel*[57]. Die Frage, ob die Arbeitsstättenrichtlinien im einzelnen Streitfall „gesicherte arbeitswissenschaftliche Erkenntnisse" enthalten, hat daher letztlich der Richter mit Hilfe von Sachverständigen zu entscheiden; er ist dabei an die Normen der Arbeitsstättenrichtlinien nicht gebunden wie an einen *Rechtssatz*. Die Arbeitsstättenrichtlinien stellen nur eine Art abstraktes, „antizipiertes Sachverständigengutachten"[58] dar, eine widerlegliche Vermutung, die in der Regel gelten soll, d. h. wenn im konkreten Fall nicht nachgewiesen ist, daß die Erkenntnis nicht als gesichert gelten kann. Diese rechtstechnische Methode hat sich vor allem im Bereich des Rechts der Sicherheitstechnik bewährt. Es zeigt sich nämlich, daß die notwendige Interessenabwägung, insbesondere mit den ökonomischen Bedingungen zur Bestimmung eines praktikablen Standards in einem mit den Repräsentanten der verschiedenen Interessen besetzten Ausschuß besser gelingt als mit Hilfe von Einzelgutachten im konkreten Rechtsstreit:

„Den angemessenen Kompromiß zwischen Sicherheit und Wirtschaftlichkeit vermag ein pluralistisch besetztes Interessenten- und Sachverständigengremium im allgemeinen eher zu finden als der einzelne (oder auch mehrere einzelne) Sachverständige im Prozeß. Es spricht daher alles dafür, den mit der Verweisung bezogenen technischen Regeln, soweit sie entsprechend dem

---

[55] *Natzel*, S. 43 Fn. 109; 52 f.

[56] Zum Begriff vgl. *Marburger*, S. 395 ff. (405 f.); ferner *Sachs*, NJW 1981, 1651 Fn. 21.

[57] Zu dieser im Recht der Sicherheitstechnik entwickelten Auffassung vgl. vor allem *Breuer*, AöR 101, S. 66, 79 ff.; *Marburger*, S. 400 ff.

[58] *Breuer*, AöR 101 (1976), S. 82 ff.; DVBl. 1978, 28 ff. (35 f.); vgl. auch *BVerwG*, DVBl. 1978, 591 ff. (593) (Steag-Urteil).

vorgesehenen Verfahren unter Beteiligung aller interessierten Kreise zustande gekommen sind, den Vorrang gegenüber singulären abweichenden Expertenmeinungen einzuräumen, wo letzte Gewißheit über ihre Eignung oder Nichteignung auf Grund wissenschaftlich gesicherter Erkenntnisse nicht zu gewinnen ist[59]."

Die Vermutung für die Ausgewogenheit der Erkenntnis ist dabei um so überzeugungskräftiger, je ausgeglichener die Träger der betroffenen Interessen an der Normbildung beteiligt waren. Kann nachgewiesen werden, daß nicht unwesentlich betroffene Interessen in normbildenden Gremien nicht oder nicht hinreichend vertreten waren, so ist der Beweislastregel die *Vermutungsgrundlage* entzogen[60]; der Richter muß dann in freier Beweiswürdigung entscheiden, ob die in den Richtlinien enthaltenen Erkenntnisse als gesichert gelten können.

Die „Selbstermächtigung" des § 3 Abs. 2 ArbStättVO kann auch nicht wegen Umgehung des Art. 80 GG als verfassungswidrig begriffen werden, denn die Arbeitsstättenrichtlinien binden die Normadressaten auch insofern nicht zwingend als es den ArbGeb nach § 4 Abs. 2 ArbStättVO freigestellt wird, von den Richtlinien abzuweichen, wenn sie andere ebenso wirksame Maßnahmen treffen. Freiheit und Eigentum der Betroffenen sind durch die Möglichkeit solcher Alternativlösungen hinreichend gewährleistet.

c) DIN-Normen

Nach Ansicht von *Fitting / Auffarth / Kaiser*[61] kann auch die Übernahme arbeitswissenschaftlicher Erkenntnisse in DIN-Normen (ebenso wie in Tarifverträge) „ein wichtiges Indiz dafür sein, daß sie gesichert sind". Das wird man unter Beachtung der oben dargestellten Voraussetzungen für die *Vermutungswirkung* akzeptieren können, jedenfalls wenn die DIN-Norm nicht älter als fünf Jahre ist[62]. Zu prüfen ist jedoch stets, ob die in bezug genommenen DIN-Normen oder arbeitswissenschaftlichen Aspekte unter Beiziehung der Repräsentanten der betroffenen Interessen entwickelt worden sind, d. h. wie die normbildenden Ausschüsse besetzt waren. Das Verfahren zur Erstellung der DIN-Normen ist in DIN 820 geregelt. Bei der Zusammensetzung der *Arbeits-* und *Normenausschüsse* müssen danach die interessierten Kreise (z. B. Anwender, Behörden, Berufsgenossenschaften, Handel, Handwerk, Industrie, Prüfinstitute, Sachversicherer, Technische Überwacher, Verbraucher, Wissenschaft) „in einem angemessenen Verhältnis" vertreten

---

[59] So *Marburger*, S. 407.

[60] So zutreffend *Marburger*, S. 402.

[61] Vor § 89 Rdnr. 7 a; noch uneingeschränkter *Galperin / Löwisch*, § 91 Rdnr. 8; vgl. auch *GK-Wiese*, § 90 Rdnr. 16.

[62] Vgl. DIN 820 Bl. 4; dazu *Marburger*, S. 402 f.

sein. In Streitfällen über die Besetzung entscheidet die Geschäftsleitung und letztlich das Präsidium des DIN[63]. Trotz großen Bemühens des DIN auch die Verbraucher-(Verwender-)Interessen ausreichend zu integrieren, ist es dennoch ein Faktum, daß diese meist unterrepräsentiert sind, was vor allem darauf beruht, daß den Organisationen der Verbraucher eine zu geringe Zahl von Fachleuten zur Verfügung steht[64].

Bei der Prüfung der Vermutungsgrundlage (als Beweislastregel) dieser Normen muß daher darauf geachtet werden, ob die Arbeitgeberseite nicht zu einseitig durch die Herstellerfirmen oder gar einen Vertreter eines Großherstellers, sondern auch angemessen durch Vertreter der Verbraucher (Anwender, Erwerber) vertreten war. Allzu leicht könnten die Standardregelungen sonst *Kartellwirkung*[65] entfalten und jene Hersteller vom Markt fernhalten, die der aufgestellten DIN-Norm nicht entsprechende, aber ebenso sichere, brauchbare und vielleicht sogar billigere Erzeugnisse auf dem Markt anbieten.

Die *Vermutung*, daß aufgestellte, einschlägige DIN-Normen „gesicherte arbeitswissenschaftliche Erkenntnisse" sind, ist dennoch im allgemeinen berechtigt, wohl aber im Vergleich zu den Arbeitsstättenrichtlinien abgeschwächt, weil für diese Normen die durch § 3 Abs. 2 ArbStättVO gebotene ausgewogene, interessengemäße Besetzung der normbildenden Ausschüsse nicht im selben Maße gewährleistet ist. Allerdings dürften das DIN und seine Vertreter in diesem Punkte wohl anderer Ansicht sein.

d) Die Sicherheitsregeln des Hauptverbandes der Berufsgenossenschaften e. V.

Als „spezielle" arbeitswissenschaftliche Erkenntnisse bezeichnen *Fitting / Auffarth / Kaiser*[66] die Sicherheitsregeln des Hauptverbandes der Berufsgenossenschaften betreffend Bildschirmarbeitsplätze[67].

---

[63] DIN 820 Bl. 1 Nr. 34; vgl. *Zemlin*, S. 71 ff.; *Marburger*, S. 200 f.

[64] So *Marburger*, S. 202.

[65] Ausführlich und grundlegend auch hierzu *Marburger* S. 566 ff.; zur Funktion der DIN-Normen im (Un-)Lauterkeitsrecht vgl. auch *Lindacher*, BB 1981, 144.

[66] Vor § 89 Rdnr. 7 b.

[67] Jetzt auch herausgegeben von der Berufsgenossenschaft der Banken, Versicherungen, Verwaltungen, freien Berufe und besonderen Unternehmen, Ausgabe 10. 1980 (ZH 1/618). Diese BG behauptet die „Gültigkeit" der Sicherheitsregeln ab 1. 1. 1981 und empfiehlt eine Umrüstung bei zuvor eingerichteten BAP. Damit soll wohl der Schein eines Rechtssatzcharakters erweckt werden, was in Verbindung mit der mehr unrichtigen als richtigen Behauptung, die Sicherheitsregeln dienten der Vermeidung von Unfall- und Gesundheitsgefahren, mehr als bloß bedenklich ist.

aa) Rechtsnatur und Herkunft

Die Sicherheitsregeln sind keine Unfallverhütungsvorschriften (UVV). UVV können nur auf der Rechtsgrundlage und in den Grenzen des § 708 RVO von den einzelnen Berufsgenossenschaften erlassen werden. Die Sicherheitsregeln betreffend BAP sind daher weder Rechtssätze noch haben sie Rechtssatzcharakter entsprechend den UVV und unterliegen auch nicht dem Genehmigungsverfahren gem. § 709 RVO. Verstöße gegen Sicherheitsregeln sind daher auch keine Ordnungswidrigkeiten nach § 710 RVO[68].

Die Berufsgenossenschaften haben sich jedoch zur Förderung von Gemeinschaftsaufgaben auf dem Gebiet der Arbeitssicherheit zu einem Hauptverband e. V. zusammengeschlossen und bei diesem Hauptverband „Fachausschüsse" eingerichtet.

Nach Ziffer 2 der am 25. Juni 1970 von der Mitgliederversammlung des Hauptverbandes beschlossenen Grundsätze[69] haben die Fachausschüsse insbesondere die folgenden Aufgaben:

„a) Erarbeitung der Entwürfe von Unfallverhütungsvorschriften, Durchführungsanweisungen und Richtlinien sowie deren Erläuterung und Auslegung,

b) Prüfung technischer Arbeitsmittel auf Antrag,

c) Beratung der gewerblichen Berufsgenossenschaften, der Hersteller, Lieferer und anderer interessierter Kreise in sicherheitstechnischen Fragen,

d) Vetretung der gewerblichen Berufsgenossenschaften im Einvernehmen mit den Fachberufsgenossenschaften in außerberufsgenossenschaftlichen Gremien zur Wahrung sicherheitstechnischer Belange."

Den Fachausschüssen gehören gemäß den beschlossenen Grundsätzen an:

„a) Technische Aufsichtsbeamte von gewerblichen Berufsgenossenschaften,

b) von anderen Unfallversicherungsträgern entsandte Technische Aufsichtsbeamte,

c) vom Bundesministerium für Arbeit und Sozialordnung benannte Vertreter,

d) erforderlichenfalls besondere Sachverständige.

Für die Aufgaben unter Ziffer 2 a) werden die Fachausschüsse erweitert um

e) Vertreter der Sozialpartner,

f) Vertreter der Hersteller und Betreiber der Einrichtungen des Fachgebietes".

---

[68] Vgl. *OLG Karlsruhe*, Urteil v. 27. 4. 1978 — 3 Ss (B) 38/78.

[69] Die Grundsätze sind abgedruckt in dem vom Hauptverband (Langwartweg 103, 5300 Bonn 1) herausgegebenen Heft „Fachausschüsse", Bestell-Nr.: ZH 1/243, Ausgabe: 4. 1981.

Auch die sogenannten Sicherheitsregeln werden, obwohl in diesen Grundsätzen nicht angeführt, von den Fachausschüssen erstellt; ob hierzu entgegen dem Wortlaut der Grundsätze auch die Vertreter der Sozialpartner, der Hersteller und der Betreiber beigezogen werden, ist mir nicht bekannt, auch nicht, welche Personen bei der Aufstellung der „Sicherheitsregeln für Bildschirmarbeitsplätze im Bürobereich" konkret beteiligt waren.

Der Hauptverband definiert selbst den Begriff „Sicherheitsregeln" wie folgt[70]:

> „Sicherheitsregeln sind Zusammenstellungen einschlägiger Bestimmungen, die in Vorschriften oder technischen Regelwerken enthalten sind, und Regeln der Technik für solche Bereiche, für die es keine anderen schriftlichen Regelungen gibt. Dazu zählen auch Verhaltensregeln."

Ursprünglich war wohl gedacht worden, in Sicherheitsregeln keine neuen Bereiche zu regeln, sondern nur unübersichtliche Regelungen auf bestimmten Gebieten leichter erfaßbar und zugänglich zu machen[71]. Die Sicherheitsregeln für BAP im Bürobereich gehen erkennbar über dieses engere Ziel hinaus.

bb) Gesicherte Erkenntnisse?

Sehr vorsichtig meinen *Fitting / Auffarth / Kaiser*[72], die Sicherheitsregeln für BAP „dürften von den bei ihrer Erstellung intensiv beteiligten interessierten Kreise als gesichert und durchführbar anerkannt sein". Das mag sein. Die Frage ist jedoch, ob die in den Sicherheitsregeln festgeschriebenen Erkenntnisse auch von der Mehrheit der arbeitswissenschaftlichen Experten — auch wenn sie nicht zu den interessierten und intensiv beteiligten Kreisen gehören — als gesichert akzeptiert werden können, genauer: ob sie im Sinne der obigen Ausführungen[73] im Streitfalle von den Gerichten als gesicherte arbeitswissenschaftliche Erkenntnisse betrachtet werden können.

Es ist nicht möglich, im Rahmen dieser Arbeit besagte Sicherheitsregeln im einzelnen daraufhin durchzuprüfen, ob sie als gesicherte Erkenntnisse angesehen werden können; dazu mangelt es dem Verfasser am erforderlichen *arbeitswissenschaftlichen* Sachverstand. Im Streitfall müssen sich die Gerichte dazu der Hilfe von Sachverständigen bedienen[73a].

---

[70] Fachausschüsse (Fn. 66), S. 20.

[71] Vgl. *Sander*, Württ. Bauberufsgenossenschaften-Mitteilungen 1/78.

[72] Vor § 89 Rdnr. 7 b.

[73] § 3 II, 4 d.

[73a] Das *LAG Berlin* (E.verz. Nr. 45) hält allerdings — ohne Heranziehung von Sachverständigen — eine Prüfung der einzelnen Regelungen der „Sicherheitsregeln" für nicht „relevant" und erklärt auch ohne Heranziehung eines

Beispielhaft sei jedoch die Regelung 4.3.2. herausgegriffen, welche lautet:

„Die Bauhöhe der Tastatur, gemessen an der mittleren Buchstabentastenreihe (C-Reihe nach DIN 2139) soll 30 mm nicht überschreiten. Die Neigung des Tastaturfeldes ist möglichst gering zu halten, vorzugsweise kleiner als 15 Grad."

Dieser Standard wird bei bisher keiner Schreibmaschine herkömmlicher Art erreicht und soweit ersichtlich auch nicht gefordert. Die in 4.3.2. aufgestellte Erkenntnis ist daher auch nicht vergleichsweise (vgl. § 3 Abs. 6 BImSchG) praktisch bewährt und erprobt[74]. Die von der Bauhöhe der Tastatur ausgehenden Belastungen sind aber an Bildschirmterminals nicht höher als an Schreibmaschinen herkömmlicher Art. Die mit dieser Regel aufgestellte Forderung ist auch völlig überzogen, denn ergonomisch kann dasselbe Ergebnis bei höherer Tastatur durch eine entsprechende Versenkung in der Tischplatte am Standort der Tastatur oder durch ein vorgelagertes kleines Pult zur Handauflage erreicht werden[75]. Es müßte daher geprüft werden, welche Erwägungen und Interessen hinter dieser Vorschrift stecken, insbesondere, ob von einigen Herstellern Geräte mit einer höheren Tastatur angeboten werden und ob diese Hersteller im Verfahren der Aufstellung dieser Sicherheitsregeln angehört worden sind.

Andererseits sind die Regelungen 4.1. ff. betreffend die notwendigen Mindesteigenschaften der Kathodenstrahlröhre (Bildwiederholungsrate, Oszillation, Flimmern) zur Vermeidung von Augenbeschwerden nach den Darlegungen von *Grandjean*[76] unzureichend. Nach den Angaben in der *Siemens*-Broschüre[77] soll eine Bildwiederholfrequenz von 50 Hz ausreichen; *Krueger / Müller-Limmroth*[78] können diesen Angaben nicht uneingeschränkt zustimmen; in der Werbebroschüre von *SEL*[79] wird dagegen hervorgehoben, daß *SEL* sich nicht mit 44 bis 51 Hz zufriedengegeben, sondern 57 Hz erreicht hat.

Es verwundert, daß diese sehr wichtigen Fragen in den Sicherheitsregeln weitgehend ausgespart bleiben, während andererseits die Höhe

---

Sachverständigen diese mit Hilfe einer „vergleichenden Betrachtungsweise" ganz allgemein zu gesicherten Erkenntnissen (Beschluß, S. 43), obwohl es zuvor (Beschluß, S. 41) die *Natzel*sche Definition (vgl. oben um Fn. 26) akzeptiert hatte.

74 Vgl. oben § 3 II 4 b.

75 So *Grandjean*, Ergonomische Aspekte der Bildschirmarbeit, Vortrag beim Kongreß Technischer Wandel und Rationalisierung, veranstaltet am 19. 5. 1981 von der Landesvereinigung Rheinland-Pfälzischer Unternehmerverbände in Mainz.

76 Vortrag (Fn. 75); vgl. ferner unten § 3 IV 1 c.

77 Ergonomie am Bildschirmarbeitsplatz, 2.2.1.1.

78 S. 12.

79 Ergonomisch betrachtet, S. 7.

der Tastatur, die Beschaffenheit des Vorlagehalters (vgl. 4.5. ff. und 4.8.4.) sowie die Abmessungen von Tisch, Stuhl etc. bis ins Kleinste vorgeschrieben werden.

Die mehr angedeuteten als ausgeführten und nachgewiesenen Mängel der angeführten Sicherheitsregeln mögen genügen zur Erschütterung der Vermutungsgrundlage, die dafür sprechen könnte, die Sicherheitsregeln als gesicherte arbeitswissenschaftliche Erkenntnisse zu betrachten[80]. Jedenfalls bedürfte es auch in bezug auf andere Vorschriften dieser Sicherheitsregeln sowohl einer kritischen Überprüfung der Zusammensetzung des Fachausschusses, der die Sicherheitsregeln für BAP aufgestellt hat, als auch der zusätzlichen Anhörung eines daran nicht beteiligten Sachverständigen.

Nicht zuletzt bestehen aber erhebliche Bedenken gegen spezielle Sicherheitsregeln für Bildschirmarbeitsplätze im Bürobereich. Tische, Stühle, Tastaturen, Vorlagehalter gibt es auch an anderen Arbeitsplätzen, und es ist nicht einzusehen, warum die Regelungen zur Ausstattung von Arbeitsplätzen mit Bildschirmterminals diesbezüglich auf einen höheren Standard gesetzt werden sollen.

Wesentliches Element dieser neuen Arbeitsplatzgestaltung ist die Kathodenstrahlröhre, aber gerade die dafür notwendigen Regelungen sind noch unzureichend. Außerdem gibt es derartige Bildschirmterminals auch außerhalb des Bürobereichs. Warum sollen die Sicherheitsregeln an Produktionsarbeitsplätzen für Arbeiter nicht gelten?

Schließlich bestehen auch Bedenken darüber, daß die Berufsgenossenschaften über ihre Aufgabe des *Unfall- und Gesundheitsschutzes* hinaus Regelungen aufstellen zur *Humanisierung* der Arbeitswelt und dabei alle Grenzen verwischen[81].

Auf Grund all dessen können die Sicherheitsregeln für BAP vorbehaltlich weiterer *tatsächlicher* Prüfungen nicht als gesicherte arbeitswissenschaftliche Erkenntnisse anerkannt werden. Dieses Ergebnis bleibt auch unberührt davon, daß in den Werbebroschüren der Herstellerfirmen (z. B. Siemens, SEL, IBM) weitgehend mit den Sicherheitsregeln „übereinstimmende Hinweise“ gegeben werden. Das „weißeste Weiß“, das Hersteller in Werbebroschüren versprechen, bleibt Produktwerbung und kann auch dann nicht zur arbeitswissenschaftlichen Norm erhoben werden, wenn es sich der Sprache der Arbeitswissenschaft bzw. der Fachausschüsse des Hauptverbandes der Berufsgenossenschaft bedient[82]. Im Gegenteil könnte solche Übereinstimmung sogar die Ver-

[80] Vgl. *Marburger*, S. 400 ff.; *Breuer*, AöR 101 (1976), S. 80 ff.

[81] Vgl. unten § 4 III, 1.

[82] A. A. offenbar *Fitting / Auffarth / Kaiser*, vor § 89 Rdnr. 7 b.

mutung nahelegen, daß die Interessen dieser Hersteller in den Fachausschüssen zu einseitig vertreten waren.

cc) Rezeption über Verwaltungsvorschriften

Nach § 4 der auf der Grundlage von § 11 GSG erlassenen allgemeinen Verwaltungsvorschrift (AllgVwV)[83] muß die zuständige Behörde bei einer Prüfung nach Maßgabe des § 2 GSG auch die vom Hauptverband der Berufsgenossenschaften erlassenen Sicherheitsregeln heranziehen, wenn sie vom Bundesminister für Arbeit und Sozialordnung im Bundesarbeitsblatt, Fachteil Arbeitsschutz, bezeichnet worden sind.

Daraus ergibt sich die — soweit ersichtlich — in der arbeitsrechtlichen Literatur noch nicht erörterte Frage, ob im Falle einer derartigen Verweisung auf administrativer Ebene die Sicherheitsregeln *Rechtssatzcharakter* gewinnen. Unmittelbar ist die Frage dieser Verweisungstechnik auf administrativer Ebene für das Arbeitsrecht allerdings wohl nicht von Bedeutung; immerhin könnte jedoch aus der Tatsache der Verweisung geschlossen werden, daß die in den Sicherheitsregeln normierten Erkenntnisse als *gesichert* zu betrachten sind. Hierfür können dann die grundlegenden Untersuchungen im Bereich des Rechts der Technik von *Breuer*[84] und *Marburger*[85] für die entsprechenden Verweisungen auf die anerkannten Regeln der Technik eine wichtige und nützliche Erkenntnisquelle sein.

Hier bleibt im Ergebnis jedoch nur festzuhalten, daß die Arbeitsgerichte durch die Bezeichnung einer Sicherheitsregel als anerkannte Regel der Technik gem. § 11 GSG in Verb. mit § 4 AllgVwV jedenfalls nicht in ihrer Entscheidung präkludiert sind, ob diese Sicherheitsregel „gesicherte arbeitswissenschaftliche Erkenntnis" im Sinne der §§ 90, 91 BetrVG ist[86].

e) Handlungsanleitungen der BAU

Als „spezielle" arbeitswissenschaftliche Erkenntnisse sind — nach *Fitting / Auffarth / Kaiser* — „des weiteren heranzuziehen"[87]:

„Handlungsanleitungen der BAU 2/79 Bildschirmarbeitsplätze, die die Ergebnisse des Forschungsberichts des Instituts für Arbeitswissenschaft der TU

[83] Abgedruckt bei *Meyer,* S. 116.

[84] AöR 101 (1976), S. 69 ff.

[85] S. 414 ff. mit umfangreichen Nachw.

[86] Vgl. auch *VG Köln,* Urt. v. 6. 11. 1975, 1 K 732/75 — abgedruckt bei *Meyer,* S. 243. Das VG Köln hält in diesem Fall („Baby-Buggy") auch die *Behörde* für verpflichtet zu prüfen, ob die grundsätzlich anzuwendende DIN-Norm im Einzelfall auch paßt. Das entspricht den allgemeinen Erkenntnissen von *Breuer* und *Marburger* (oben Fn. 84 u. 85).

[87] Vor § 89 Rdnr. 7 b; vgl. auch Rdnr. 7 a a. E.

Berlin (Cakir u. a.) wiedergibt (Forschungsbericht Nr. 1 des BMA, 1978); Krueger / Müller-Limmroth, Arbeiten mit dem Bildschirm — aber richtig!, Herausgeber Bayr. Staatsministerium für Arbeit 1979."

Die genannten Handlungsanleitungen der Bundesanstalt für Arbeitsschutz und Unfallforschung (BAU) sind aber gar keine normierten Erkenntnisse nach Art der Arbeitsstättenrichtlinien, DIN-Normen oder Sicherheitsregeln, sondern lediglich kurze Zusammenfassungen der von der Bundesanstalt in Auftrag gegebenen Gutachten (Forschungsprojekte). Die Handlungsanleitungen sind daher anders als die angeführten „normierten Erkenntnisse" auch nicht in mit Vertretern der verschiedensten Interessen besetzten Ausschüssen erarbeitet. Folglich kann ihnen auch die *Vermutungswirkung*[88] für gesicherte arbeitswissenschaftliche Erkenntnisse nicht zukommen. Die Handlungsanleitungen haben nur so viel Wert wie das Gutachten, dessen Kurzfassung sie darstellen[89]. Insbesondere ist zu beachten, daß sie dem Härtetest des Abwägungsprozesses einer interessenpluralistisch besetzten Kommission nicht unterworfen wurden. Am Eingang der Handlungsanleitungen / Bildschirmarbeitsplätze 2/79 heißt es:

„Handlungsanleitungen dienen der Veröffentlichung von Ergebnissen der Forschung zur Humanisierung des Arbeitslebens. Durch sie soll ein Beitrag zur Umsetzung arbeitswissenschaftlicher Erkenntnisse in die Praxis geleistet werden. Diese Handlungsanleitungen stellen selbst keine Norm dar, sondern liegen im Vorfeld staatlicher und berufsgenossenschaftlicher Regelungen und der Normungsarbeit. Sie werden zurückgezogen, sobald ihr Inhalt Eingang in verbindliche Regelungen oder in die Normenwerke findet."

Das darf nicht so gelesen werden, als ob die Handlungsanleitungen zwar keine *Rechts*normen, aber wissenschaftliche Erkenntnisse darstellen, auch wenn dieser Gedanke von den Verfassern der Handlungsanleitungen insinuiert werden sollte, sondern ist so zu verstehen, daß die Handlungsanleitungen nur Ausdruck der Meinung der von der BAU beauftragten Gutachter ist.

Entsprechendes gilt von der vom Bayerischen Staatsministerium für Arbeit herausgegebenen Studie von *Krueger / Müller-Limmroth*, Arbeiten mit dem Bildschirm — aber richtig! Und entsprechendes gilt ferner für die gleichfalls vom Bayerischen Staatsministerium für Arbeit herausgegebene Schrift, Rationalisierung im Büro — wo bleibt der Mensch?; auch diese Schrift ist lediglich die Kurzfassung eines Gutachtens von *Gaugler, Althauser, Kolb* und *Mallach* über Rationalisierung und Humanisierung von Büroarbeiten.

---

[88] Vgl. oben § 3 II, 5 b.

[89] In diesem Falle des Gutachtens von *Cakir, Reuter, Schmude* und *Armbruster*.

Nicht alles, was irgendwo und irgendwie gedruckt wird, sind gesicherte wissenschaftliche Erkenntnisse.

6. Versuch einer Definition

(1) Gesicherte arbeitswissenschaftliche Erkenntnisse sollen grundsätzlich methodisch erforscht und nach Möglichkeit empirisch abgesichert und praktisch bewährt sein.

(2) Isolierte Erkenntnisse einer wissenschaftlichen Teildisziplin (z. B. Medizin, Physik, Psychologie etc.) in bezug auf eine menschliche Arbeitsleistung sind noch keine *arbeitswissenschaftlichen* Erkenntnisse. Als solche können nur die Erkenntnisse akzeptiert werden, in denen alle anderen Erkenntnisse über die Bedingungen und Folgen der in Betracht gezogenen menschlichen Arbeitsleistung in den Erkenntnisprozeß integriert und sachgerecht mitberücksichtigt worden sind. Dazu gehören insbesondere auch die ökonomischen Bedingungen.

(3) Soweit die arbeitswissenschaftlichen Erkenntnisse sich ihrer Natur gemäß der empirischen Überprüfung entziehen (geisteswissenschaftliche Erkenntnisse, teilweise auch psychologische und sozialwissenschaftliche Erkenntnisse) müssen sie entweder in Rechtsnormen anerkannt oder zumindest in interessen-pluralistisch besetzten Ausschüssen rechtsnormähnlich formuliert worden sein. Als rechtsnormähnlich formulierte Erkenntnisse sind sie nur Beweislastregeln mit Vermutungswirkung.

(4) Sind die arbeitswissenschaftlichen Erkenntnisse praktisch noch nicht bewährt, so muß die Möglichkeit ihrer praktischen Bewährung entsprechend § 3 Abs. 6 BImSchG zumindest gesichert erscheinen. Bei dieser Prognose sind Vergleiche, Parallelbeurteilungen, Analogieschlüsse zu bereits erprobten Erkenntnissen erforderlich. Im Abwägungsvorgang dieser Prognoseentscheidung sind gleichfalls möglichst alle betroffenen Interessen zu berücksichtigen, wozu ein normbildender, ausgewogen besetzter Ausschuß am besten geeignet ist.

(5) Der Begriff „gesicherte arbeitswissenschaftliche Erkenntnisse" ist ein unbestimmter Rechtsbegriff, über dessen Inhalt letztlich der Richter mit Hilfe von Sachverständigen im Zeitpunkt der letzten mündlichen Verhandlung zu entscheiden hat. Die arbeitswissenschaftlichen Erkenntnisse brauchen noch keine Allgemeingeltung zu haben, d. h. sie müssen nicht der Mehrheits- oder gar Einheitsmeinung der Experten entsprechen. Die Meinung der Mehrheit der Fachleute ist für den Richter nur ein Indiz, das ihn aber letztlich nicht bindet.

III. Die sonstigen Tatbestandsmerkmale des § 91 BetrVG

Das sog. korrigierende MBR aus § 91 setzt ferner voraus, daß die besonderen Belastungen durch Änderungen verursacht werden, die in offensichtlichem Widerspruch zu den gesicherten arbeitswissenschaftlichen Erkenntnissen stehen. Das MBR ist nicht verbraucht, wenn der BR im Verfahren nach § 90 der geplanten Maßnahme nicht widersprochen oder zugestimmt hat[89a].

1. Offensichtlicher Widerspruch

Offensichtlich heißt in diesem Zusammenhang nicht, daß der Widerspruch jedem Laien erkennbar sein müsse, sondern vielmehr, daß eine eindeutige, erhebliche, nicht geringfügige, d. h. offensichtliche Abweichung von den gesicherten Erkenntnissen vorliegt[90]. Die Hinzuziehung von Sachverständigen im Falle von Laien nicht erkennbaren „Widersprüchen" ist jedoch gemäß § 80 Abs. 3 nur dann „erforderlich", wenn konkrete Anhaltspunkte für „besondere Belastungen" infolge von Widersprüchen zu arbeitswissenschaftlichen Erkenntnissen vorliegen[91].

2. Besondere Belastung

Entgegen der Auffassung von *Richardi*[92] meint das Merkmal der „besonderen Belastung" letztlich nicht dasselbe wie das Merkmal „offensichtlicher Widerspruch". Vielmehr besteht zwischen den beiden Tatbestandsmerkmalen etwa das gleiche Verhältnis wie zwischen Rechtswidrigkeit und Rechtsgutverletzung im Tatbestand der Schadenersatzvorschrift des § 823 BGB. Es kann z. B. sein, daß ein höchst mangelhaft eingerichteter Arbeitsplatz den arbeitswissenschaftlichen Erkenntnissen eklatant widerspricht, gleichwohl aber zu keinen besonderen Belastungen der ArbN führt, weil zum Beispiel nur sehr wenig oder unter besonderer Berücksichtigung der drohenden Belastungen an diesen Arbeitsplätzen gearbeitet wird[92a]. Problematisch ist aber, was das Maß sein

---

[89a] *LAG Baden-Württemberg,* E.verz. Nr. 44, S. 8; a. A. *Kammann / Hess / Schlochauer,* § 91 Rdnr. 2.

[90] So zutreffend *Galperin / Löwisch,* § 91 Rdnr. 10; *Hofe,* S. 89 f.; a. A. *Natzel,* RdA 1974, 284; *Kammann / Hess / Schlochauer,* § 91 Rdnr. 7; *Stege / Weinspach,* § 91 Rdnr. 4; vermittelnd *GK-Wiese* (§ 91 Rdnr. 10): „Parallelwertung in der Laiensphäre"; ähnlich *LAG Baden-Württemberg* (E.verz. Nr. 44, S. 10): „. . ., wenn es eindeutig, d. h. ohne weiteres erkennbar ist, und zwar nicht für Jedermann, wohl aber für den sachkundigen Betriebspraktiker."

[91] *GK-Thiele,* § 80 Rdnr. 56 ff.

[92] *Dietz / Richardi,* § 91 Rdnr. 7.

[92a] Das *LAG Berlin* (E.verz. Nr. 45) meint demgegenüber, es bedürfe im Einzelfall keiner „Darstellung" der besonderen Belastungen, welche durch die den gesicherten arbeitswissenschaftlichen Erkenntnissen offensichtlich

soll für die Feststellung „besonderer Belastungen". *Wiese*[93] fordert eine objektive Belastung, die das „normale Maß" nicht unwesentlich überschreitet. Was aber bildet die Norm für das „normale Maß"? Es genügt nicht, hierfür auf die allgemeinen gesicherten arbeitswissenschaftlichen Erkenntnisse zu verweisen. Denn nicht nur stellen die verschiedenen Berufe sehr unterschiedliche Anforderungen, sondern die Menschen sind auch sehr unterschiedlich belastbar. Durchschnittlichen ArbN, Frauen gar, dürfen keinesfalls Lasten aufgeladen werden, die für professionelle Möbelpacker das „normale Maß" bilden. Jeder Beruf, jede Tätigkeit hat also das ihr eigene „Normalmaß" der zumutbaren Belastung, das regelmäßig auch die Lohnhöhe mitbestimmt. Zur Lösung des Problems führt daher die Erkenntnis, daß es nicht Aufgabe des BR ist, die Welt zu verbessern; seine Aufgabe ist es vielmehr, mit Hilfe von § 91 dafür zu sorgen, daß *die* ArbN im Betrieb (die ihn gewählt haben und deren Interesse er zu vertreten hat) nicht *infolge der Änderung* von Arbeitsplätzen etc. in besonderer Weise belastet werden. Das Maß der Dinge sind also auch hier die konkreten Menschen im Betrieb, für die der Arbeitsplatz, der Arbeitsablauf oder die Arbeitsumgebung *geändert* werden. Die gegenteilige Auffassung von *Wiese*[93], das übliche Maß der Belastung innerhalb des konkreten Betriebs sei nicht verbindlich, weil darin bereits eine gegenüber „normalen Maßstäben" besondere Belastung liegen könne, ist deshalb unzutreffend, weil, wie *Wiese*[94] selbst — wenn auch mit Bedauern — zutreffend erkennt, das MBR des § 91 eine „Änderung" voraussetzt und durch besondere Belastungen *bestehender* Verhältnisse nicht ausgelöst wird.

3. Kausalität: Infolge Änderung der Arbeitsplätze

Schließlich müssen die besonderen Belastungen durch die Änderung der Arbeitsplätze verursacht werden. Treten z. B. nach Einrichtung der BAP bei den daran Beschäftigten Augenbeschwerden, Kopfschmerzen etc. auf, so ist zu prüfen, ob diese „besonderen Belastungen" infolge zu hoher *Oszillation*[95] der Kathodenstrahlröhre oder zu geringer *Leuchtdichtedifferenz*[96] der Bildzeichen oder unzureichender Lichtverhältnisse (Blendung) in der Bildschirmumgebung auftreten[97] oder aber die Folge

---

widersprechende Ausgestaltung der Arbeitsplätze für die ArbN auftritt, denn diese sei „durch die erkenntniswidrige Ausgestaltung der Arbeitsplätze indiziert". Die Worte verbergen nur unzureichend die unerlaubte Unterstellung der tatsächlichen Voraussetzungen eines gesetzlichen Tatbestandsmerkmals.

[93] *GK*, § 91 Rdnr. 11.

[94] *GK*, § 91 Rdnr. 3.

[95] Vgl. § 3 II, 5 d, bb.

[96] Vgl. *Krueger / Müller-Limmroth*, S. 12.

[97] Vgl. Sicherheitsregel 4.1.9.; ferner *LAG Berlin* (E.verz. Nr. 45), S. 7 f., 44 ff.

unausgeglichener Sehfehler der betroffenen ArbN sind. Wären die Beschwerden bei einem ArbN mit „normaler“, durchschnittlicher Sehfähigkeit nicht aufgetreten, so sind sie im wesentlichen nicht durch die Änderung der Arbeitsplätze verursacht, d. h. nicht arbeitsbedingt, sondern *anlagebedingt*[98]. Derartige im wesentlichen anlagebedingte Beschwerden lösen das MBR aus § 91 nicht aus.

Überdurchschnittliche Belastbarkeiten und Fähigkeiten dürfen aber nicht vorausgesetzt werden, auch wenn es durchaus ArbN gibt, die wegen solcher überdurchschnittlicher Fähigkeiten durch den geänderten Arbeitsplatz nicht in besonderer Weise belastet werden. Der ArbGeb darf daher nur schrittweise mit der normalen Fluktuation ArbN mit gesteigerter Belastbarkeit auf den *geänderten* Arbeitsplätzen beschäftigen.

Bloße vorübergehende Anpassungsschwierigkeiten während der Einarbeitungszeit nach den Änderungen der Arbeitsplätze sind nach ganz herrschender Meinung keine besonderen Belastungen[99].

4. Rechtsfolgen

Liegen die vorstehend erörterten Voraussetzungen vor, so kann der BR angemessene Maßnahmen zur Abwendung, Milderung oder zum Ausgleich der besonderen Belastung verlangen.

Das MBR zielt auf angemessene Maßnahmen gegen die besondere Belastung ab und soll die unternehmerische Entscheidung nicht antasten oder gar aufheben, auch den technologischen Fortschritt nicht behindern[100]. Stufenweise sollen erst die Maßnahmen zur Abwendung, dann zur Milderung und nur, wenn Maßnahmen der jeweilig vorhergehenden Stufe nicht möglich sind oder unangemessen wären, solche zum Ausgleich der besonderen Belastung in Betracht gezogen werden. Die Angemessenheit der Maßnahmen beurteilt sich wiederum nach dem *Verhältnismäßigkeitsgrundsatz,* wonach einerseits die Belastungen der ArbN,

---

[98] Zur entsprechenden Problematik im Rahmen des MBR nach § 87 Nr. 7 in Verbindung mit §§ 618 BGB, 62, HGB, 120 a GewO vgl. § 4 III, 5: *Arbeitsbedingte* Gefahren.

[99] *Fitting / Auffarth / Kaiser,* § 91 Rdnr. 2; *Galperin / Löwisch,* § 91 Rdnr. 11; *Kammann / Hess / Schlochauer; a. A. GK-Wiese,* § 91 Rdnr. 11.

[100] Vgl. *GK-Wiese,* Rdnr. 13 ff. und das im Vorwort angeführte Zitat aus der Regierungserklärung von Bundeskanzler *Schmidt;* in der Tendenz aber anders *Hexel,* Der Betriebsrat 1981, S. 155: „Bildschirmgeräte sind Bestandteil einer Technologie, die den Menschen aus dem Arbeitsprozeß zunehmend verdrängt, seine Qualifikationen entwertet, aus vielfältigen Arbeitszusammenhängen programmierte Monotonie macht. Zumindest kann diese Technologie dies, und nichts spricht dafür, daß Unternehmer und Manager sie nicht so einsetzen. Ziel der Unternehmer: Gewinne sichern und steigern unter Reduzierung und Einsparung von Personalkosten.“

andererseits neben dem Stand der arbeitswissenschaftlichen Erkenntnisse aber auch die sonstigen in bezug auf diese Arbeitsleistung zu beachtenden Faktoren, insbesondere die technischen, organisatorischen und finanziellen Möglichkeiten des Betriebs zu berücksichtigen sind[101].

IV. Typische Tatfragen und Subsumtionsprobleme

Es ist bereits gesagt worden[102], daß es nicht möglich ist, allgemein und abstrakt zu entscheiden, ob bei der Einrichtung von BAP ein MBR des BR besteht, d. h. ob dabei gesicherte arbeitswissenschaftliche Erkenntnisse über die menschengerechte Gestaltung der Arbeit offensichtlich nicht beachtet und infolgedessen die ArbN besonders belastet werden. Dennoch erscheint es vertretbar und für die Praxis vielleicht nützlich, zu typischen Tatfragen und Subsumtionsproblemen, die in den bisherigen Einigungsstellen- und Gerichtsverfahren[103] besondere Schwierigkeiten bereitet haben, einige Bemerkungen zu machen.

1. Gestaltung der Arbeitsplätze

Die Gestaltung von Tischen, Stühlen, Beleghaltern, Tastaturen und der sonstigen Details der BAP und der Arbeitsplatzumgebung ist von der Arbeitswissenschaft (zumindest teilweise) sehr sorgfältig untersucht worden, was in den Sicherheitsregeln des Hauptverbandes der Berufsgenossenschaften[104], aber auch in den Handlungsanleitungen der BAU[105] sowie in zahlreichen sonstigen Veröffentlichungen seinen Niederschlag gefunden hat. Wenngleich nicht alle Ergebnisse dieser Untersuchungen — auch nicht die Zusammenfassung der BAU und die Sicherheitsregeln — als „gesicherte arbeitswissenschaftliche Erkenntnisse“ anerkannt werden können, so dürfte doch jedenfalls in der Regel kein Verstoß gegen gesicherte Erkenntnisse vorliegen, wenn bei der Einrichtung der Arbeitsplätze die Ergebnisse dieser Untersuchungen beachtet werden. Im einzelnen sei noch folgendes hinzugefügt.

a) Tische, Stühle u. a.

Die Gestaltung von Tischen, Stühlen und der sonstigen Einzelheiten der BAP (maximale Greif- und Sehräume) ist mit so viel Akribie und Aufwand untersucht worden, daß die daraus entstandenen Gestaltungs-

---

[101] Zutreffend *GK-Wiese*, § 91 Rdnr. 13; *Fitting / Auffarth / Kaiser*, § 91 Rdnr. 8 ff.

[102] Vgl. insbes. oben § 1 III.

[103] Vgl. die Nachw. oben in Fn. 13 (§ 1).

[104] Vgl. § 3 II, 5 d.

[105] Vgl. § 3 II, 5 e.

vorschläge[106] so human und menschengerecht sind, wie wohl kaum ein anderer derzeit existierender Arbeitsplatz. Hier ist offensichtlich mehr getan worden als bei vergleichbaren Arbeitsplätzen üblich[107]. Wenn daher ein ArbGeb sich diesen Standard nicht leisten kann und sich mit einer weniger aufwendigen Gestaltung begnügt, so verstößt er, wenn er diesen Arbeitsplatz schafft oder erhält, noch nicht ohne weiteres gegen gesicherte arbeitswissenschaftliche Erkenntnisse, weil die diesbezüglich für BAP aufgestellten Standards erheblich über dem in vergleichbaren Fällen anerkannten und allgemein üblichen Niveau liegen.

Selbstverständlich verstößt ein ArbGeb aber gegen gesicherte arbeitswissenschaftliche Erkenntnisse und auch gegen § 25 ArbStättVO in Verb. mit ASR 25/1, wenn er einen nicht kippsicheren Dreibeinhocker vor das Bildschirmgerät stellt.

b) Beleghalter, Tastatur

Erheblich überzogen sind — wie bereits oben[108] ausgeführt — auch die für Beleghalter und Tastaturen aufgestellten Standards. Auch hier wird ein ArbGeb ohne gegen gesicherte arbeitswissenschaftliche Erkenntnisse zu verstoßen Abstriche machen dürfen. Das darf allerdings nicht so weit gehen wie im Falle des *LAG Berlin*[109], wo nach den Feststellungen des Gerichts bei einigen BAP überhaupt kein Platz für Belege vorhanden war, so daß bei der Arbeit die Belege auf den Knien gehalten werden mußten. Solche Zumutungen verstoßen allerdings offensichtlich gegen gesicherte Erkenntnisse und können auch bei länger dauernder Tätigkeit besondere Belastungen[110] zur Folge haben, die das MBR aus § 91 auslösen.

c) Bild-(Kathodenstrahlröhren-)qualität

Die Leuchtdichtedifferenz sowie die Bildfolge- und Flimmerverschmelzungsfrequenz der Kathodenstrahlröhren in den auf dem Markt befindlichen Bildschirmgeräten ist verschieden. Auch die Bedeutung dieser Merkmale der Kathodenstrahlröhre für die (Augen-) Belastungen der ArbN ist mehrfach untersucht worden[111]. Die für das lästige Flimmern entscheidende Flimmerverschmelzungsfrequenz ist abhängig von

---

[106] Vgl. statt aller Sicherheitsregeln 4.6. ff.; Handlungsanleitung BAU 4.3.

[107] Vgl. § 3 II, 4 b.

[108] Vgl. § 3 II, 5 d, bb; ferner auch unten § 4 III, 1.

[109] E.verz. Nr. 45, S. 9, 47; obwohl die Sicherheitsregeln insoweit überzogen sind, vgl. oben § 3 nach Fn. 34.

[110] Was das *LAG Berlin* allerdings nicht korrekt geprüft hat, vgl. oben § 3 III, 2 Fußn. 92a.

[111] Vgl. Handlungsanleitungen BAU 4.1.; *Krueger / Müller-Limmroth*, S. 11 ff.; *Radl*, Manuskript 3.1.; *Krueger*, Beanspruchungen am Bildschirm, S. 51 ff.

der Bildfolgefrequenz und der Leuchtdichtedifferenz. Bei ausreichender Leuchtdichtedifferenz (über 10 cd/m²) wird in der Regel eine Bildfolgefrequenz von 50 Hz zur Gewährleistung hinreichender Flimmerfreiheit für ausreichend erachtet[112]. Jedoch sind die Experten in diesem Punkt sich offenbar noch nicht ganz einig geworden, was wohl auch der Grund dafür ist, daß die Sicherheitsregeln (4.1.8.) hierzu keine genauen Angaben machen. Es überrascht und befremdet, daß diese sehr wichtige Frage in den durchgeführten und anhängigen Verfahren weniger Beachtung fand und findet als vergleichsweise nebensächliche Punkte (Beleghalter etc.). Selbstverständlich können diese Fragen in einem juristischen Verfahren nur mit Hilfe von Sachverständigen geklärt werden, die die streitbefangenen Bildschirmarbeitsplätze und ihre Auswirkungen auf die daran beschäftigten ArbN zu untersuchen haben; jedenfalls, wenn die technischen Daten der Kathodenstrahlröhren nicht feststehen.

d) Vermeidung von Blendungen und Spiegelungen

Die Bildschirmgeräte müssen so aufgestellt und eingerichtet werden, daß möglichst keine Blendungen oder Spiegelungen durch Tageslicht (Fenster) oder künstliche Lichtquellen entstehen und dennoch eine ausreichende Beleuchtung zum Lesen von Belegen etc. gewährleistet ist[113]. Wie dies am zweckmäßigsten zu geschehen hat, wird in den angeführten Untersuchungen anschaulich dargelegt und ist ohne weiteres „einleuchtend". Trotzdem hat nach Feststellungen des *LAG Berlin*[114] der ArbGeb in diesem Falle einige Bildschirmgeräte unmittelbar vor Fenstern und unter nicht abgeschirmten („nackten") Neonleuchten aufgestellt. In solchen Fällen ist es, sofern besondere Belastungen für die ArbN entstehen, nicht nur rechtens[115], sondern auch notwendig, daß der BR über § 91 für Abhilfe sorgt.

2. Höchstarbeitszeit, Pausen u. a.

a) Arbeitswissenschaftliche Erkenntnisse

Wie bereits gesagt[116], wird im Zusammenhang mit der Einrichtung von BAP auch gefordert, die Festlegung von Höchstarbeitszeiten (grundsätzlich nicht mehr als vier Stunden pro Tag am Bildschirm) und be-

---

[112] Mit Vorbehalten bei *Krueger / Müller-Limmroth,* S. 12; vgl. oben § 3 II, 5 d bb nach Fn. 76.

[113] Sicherheitsregeln 4.1.9.; 4.8.5.; 4.10.1.; Handlungsanleitungen BAU 4.5.; *Krueger / Müller-Limmroth,* 3.1.; *Krueger,* Beanspruchungen am Bildschirm, S. 64 f.

[114] E.verz. Nr. 45, S. 8, 46 f.

[115] Beachte hierzu auch § 7 ArbStättVO und die dazu ergangenen ASR; vgl. auch unten § 4 V, 4.

[116] Oben § 1 II, 2 c und öfters.

zahlte Arbeitsunterbrechungen (bis zu 15 Minuten je Arbeitsstunde) sowie die Einrichtung von Misch- und Mehrstellenarbeitsplätzen.

Aus gutem Grund sind die Aussagen der Vertreter der Arbeitswissenschaft zu diesen Forderungen sehr zurückhaltend, denn die Untersuchung des Arbeitsablaufs und der Arbeitsorganisation im Zusammenhang mit Bildschirmterminals weist nach Haider / Rohmert[117] „die extremsten Defizite auf". Darum meinen dieselben Autoren, die Aussagekraft der Forderung auf Höchstarbeitszeit (vier Stunden) und Pausen (5—10 Min. pro Stunde oder 10—20 Min. pro Doppelstunde) würden auch durch ständiges Wiederholen und Abschreiben nicht gesichert[118]. Auch im Forschungsbericht von *Cakir, Reuter, Schmude* und *Armbruster* werden keine Empfehlungen zur Arbeitszeit an BAP gegeben, da eindeutige wissenschaftlich vertretbare und aus der empirischen Forschung begründbare Arbeitszeitregelungen nicht vorgeschlagen werden könnten[119]. In den Handlungsanleitungen der BAU[120] — denen der Forschungsbericht von Cakir u. a. zugrunde liegt — wird daher auf den organisatorischen Aspekt der Bildschirmarbeit, d. h. auf Arbeitszeit und Pausenregelungen bewußt und ausdrücklich nicht eingegangen. Bei Krueger / Müller-Limmroth heißt es zu diesem Thema[121]:

„Der Bildschirm ist nur ein gemeinsames Arbeitsmittel für eine große Zahl von Tätigkeiten, die sich in Inhalt und Ablauf erheblich unterscheiden können. Deshalb kann es keine allgemeingültige arbeitswissenschaftlich gesicherte Regelung einer Pausenzeit geben. Zur Diskussion stehen derzeit 5 bis 10 Min. Pause nach einer Stunde Tätigkeit am Bildschirm bzw. 15—20 Minuten nach zwei Stunden. Diese Zeit kann aber keineswegs allein vom Arbeitsmittel „Bildschirm" her festgelegt werden, sondern nur unter Berücksichtigung des Arbeitsinhaltes und des Arbeitsablaufs. Pause bedeutet hier nicht Arbeitsruhe, sondern kann auch die Übernahme einer anderen Tätigkeit sein."

Demgegenüber plädiert — soweit ersichtlich — aus dem Kreis der Arbeitswissenschaft lediglich der Psychologe *Dr. Radl*[122] ohne ausreichende Begründung für eine Pausenregelung:

„Im Unterschied zu einer Maschine kann der Mensch bei gleichem Leistungsniveau nicht beliebig lange weiterarbeiten. Er benötigt Pausen. Der Pausenzeitbedarf hängt wesentlich von der Art der Tätigkeit am Bildschirmterminal ab. Er ist bei monotonen Tätigkeiten (z. B. bei reiner, durch Nebentätigkeiten nicht unterbrochener Schreibarbeit) größer als bei Mischtätigkeiten (z. B. eines Sachbearbeiters). Bei einer Schreibtätigkeit sollte nach 50 Min. eine 10minütige Pause eingelegt werden."

---

[117] Ergonomische Analysen von Tätigkeiten an Bildschirmen, S. 34.

[118] S. 29 (Fn. 117).

[119] Zitiert nach *LAG Berlin*, E.verz. Nr. 45, S. 51; im selben Sinne auch *Cakir / Hart / Stewart*, Bildschirmarbeitsplätze, S. 246 ff.

[120] Vgl. unter 3.2.

[121] S. 29.

[122] Manuskript, S. 9.

Auch die Sicherheitsregeln sind in der Frage der Arbeitszeit und Pausen äußerst zurückhaltend; es heißt lediglich in der letzten Bestimmung des Regelwerkes unter 6.8.:

„Neben der ergonomischen Gestaltung der Bildschirm-Arbeitsplätze sollte auch der ergonomische Aspekt der Tätigkeit berücksichtigt werden."

Diese Bestimmung wird dahingehend erläutert, daß die Empfehlung von der Erkenntnis ausgeht, „daß unterschiedliche Tätigkeiten in vielen Fällen eine individuelle Gestaltung der Arbeit ermöglichen und Arbeitsvorgänge zusammenhängend abgewickelt werden können". Diesen Erläuterungen werden dann als weitere *Erläuterung* die Sätze angefügt:

„Aus ergonomischer Sicht ist der Erholungswert mehrerer kurzer Unterbrechungen der Tätigkeit, die überwiegend Blickkontakt zum Bildschirm erfordert, ungleich größer als der von wenigen, festgelegten langen Pausen. Deshalb sollen kurze Unterbrechungen dieser Tätigkeiten nicht aufgespart und zusammengezogen werden dürfen, um dafür den Arbeitsplatz früher verlassen zu können."

Diese vom *LAG Berlin*[123] nicht ganz korrekt wiedergegebenen Sätze sind aber nicht Sicherheitsregeln, sondern Erläuterungen und besagen also nur, daß wenn unter Umständen Arbeitsunterbrechungen erforderlich sind, mehrere kurze Unterbrechungen ergonomisch günstiger sind[124].

Das *LAG Berlin*[125] zitiert darüber hinaus noch eine von der *Mannesmann AG* herausgegebene Broschüre sowie einen *datareport* von *Siemens* für die Berechtigung der Forderung auf kurze Arbeitsunterbrechungen bzw. „Bewegungspausen". Gesicherte arbeitswissenschaftliche Erkenntnisse über die mögliche oder zumutbare Höchstarbeitszeit und die Notwendigkeit von Arbeitsunterbrechungen bei Bildschirmarbeit gibt es also nicht und kann es in allgemein verbindlicher Form wegen der verschiedenen Möglichkeiten der organisatorischen Gestaltung und demzufolge der verschiedenen Beanspruchung der ArbN auch gar nicht geben[126]. Damit soll nicht gesagt werden, daß bei Bildschirmarbeit die Notwendigkeit von kürzeren Arbeitsunterbrechungen in bestimmten Intervallen nicht entstehen kann; als Beispiel für eine solche Notwendigkeit ist schon oben[127] die Arbeit der Fluglotsen angeführt

---

[123] E.verz. Nr. 45, S. 51.

[124] Dies entspricht verbreiteter Erkenntnis, vgl. *Krueger / Müller-Limmroth*, S. 29; *Radl*, Manuskript, S. 9.

[125] E.verz. Nr. 45, S. 52; beide Broschüren lagen mir nicht vor und konnten, da mir auch die Photokopie der Entscheidung des *LAG Berlin* erst nach Drucklegung (Mitte Juli) zugänglich wurde, nicht mehr rechtzeitig angefordert werden. Gerätehersteller-Broschüren bieten jedoch auch keine Gewähr für „gesicherte arbeitswissenschaftliche Erkenntnisse"; vgl. im Text § 3 II, 5 am Ende.

[126] Zutreffend *Krueger / Müller-Limmroth*, S. 29 — oben zitiert nach Fn. 121.

[127] § 3 II, 3 b.

worden. Solche Notwendigkeit muß jedoch unter Beachtung aller konkreten Umstände und Voraussetzungen im Einzelfall nachgewiesen werden.

Entsprechendes gilt für die Forderung der Höchstarbeitszeit (4 Stunden pro Tag) und die Einrichtung von Misch- und Mehrstellenarbeitsplätzen; auch hierzu können allgemein verbindliche Regelungen und Standards nicht aufgestellt werden, allenfalls kann allgemein akzeptiert werden, daß es *erstrebenswert* ist, ganztätige monotone Arbeit am Bildschirm oder sonstwo, wenn irgendmöglich zu vermeiden, „soweit die Natur des Betriebes es gestattet" (vgl. §§ 62 HGB, 120 a GewO, 618 BGB).

Dennoch haben das *LAG Berlin*[128], die Einigungsstelle der *Ruhrchemie AG*[129] und die Einigungsstelle der Firma *Ortmann & Herbst*[130] in der Pausenfrage anders entschieden.

b) Beschluß des LAG Berlin

Zwar stellt auch das LAG Berlin zunächst fest[131],

„daß es keine gesicherten arbeitswissenschaftlichen Erkenntnisse über Arbeitszeit- und Pausenregelungen für bestimmte Tätigkeiten an Bildschirmgeräten gibt".

Im nachfolgenden Satz[132] behauptet die Kammer dann aber unvermittelt, es bestehe

„in bezug auf die Fragestellung nach der psychischen Beanspruchung durch Bildschirmtätigkeit generell Einigung in Forschung und Praxis darüber, daß die Eintönigkeit von Arbeitsinhalten mit der Beanspruchung korreliert, die beispielsweise zur Ermüdung führen kann, so daß Arbeitsunterbrechungen desto dringender sind, je einseitiger die Arbeitsinhalte gestaltet sind. Insofern ist mit dem Thema ‚Pausenregelung' tatsächlich der Begriff der Arbeitsunter-

---

128 E.verz. Nr. 45, S. 50 ff.

129 E.verz. Nr. 62, § 5 Abs. 3 des Spruchs: „Sofern arbeitstechnische Organisation und örtliche Notwendigkeit eine ununterbrochene Arbeit an Bildschirmarbeitsplätzen ausnahmsweise erforderlich machen, sind den betroffenen Mitarbeitern Arbeitsunterbrechungen zu gewähren, die nicht zusammengefaßt am Ende der Arbeitszeit genommen werden dürfen. Die Unterbrechungen sind in angemessenem Abstand und Umfang* zu gewähren."

* „Als angemessen wird z. B. angesehen, wenn nach einer mehr als zweistündigen ununterbrochenen Tätigkeit am Bildschirm eine Unterbrechung von zehn Minuten erfolgt."

130 E.verz. Nr. 61, Spruch 3.0: „Bildschirmarbeitsplätze sind als Mischarbeitsplätze einzurichten. Das heißt, daß die tägliche Arbeitszeit an Bildschirmen insgesamt arbeitstäglich 50 % nicht überschreiten darf. Ist in diesem Rahmen eine ununterbrochene Arbeitsdauer von mehr als einer Stunde durchzuführen, muß eine zusätzlich bezahlte Unterbrechung — außerhalb der AZO — von 10 Minuten eingehalten werden."

131 E.verz. Nr. 45, S. 50.

132 S. 51.

brechung angesprochen, wobei die Pause eine der möglichen Formen der Arbeitsunterbrechung, eine andere aber die inhaltliche Abwechslung der Tätigkeit selbst sein kann".

Im Anschluß daran handelt das *LAG* dann die vorstehend zitierten arbeitswissenschaftlichen Erkenntnisquellen ab und kommt daraufhin zu dem Ergebnis,

„daß allgemein eine Abhängigkeit zwischen längerer Arbeit am Datensichtgerät (Blickkontakt) und steigender Beanspruchung (z. B. Ermüdung) anerkannt wird, woraus sich die Forderung nach Unterbrechung speziell der ermüdenden Tätigkeit ableitet. Soweit diese Erkenntnisse nicht ausreichend methodisch erforscht und gesichert erscheinen, ist darauf hinzuweisen, daß bei Einführung neuer Techniken, zu denen die Datensichtgeräte gehören, ‚nicht den Arbeitnehmern das aus Erkenntnislücken entstehende Beanspruchungsrisiko aufgebürdet werden' darf" (Schulte)[133].

Wohlgemerkt, das *LAG Berlin* stellt sowohl fest, daß es keine gesicherten arbeitswissenschaftlichen Erkenntnisse über Arbeitszeit- und Pausenregelungen bei Bildschirmarbeit gibt, als auch, daß die von der Kammer akzeptierten banalen „Erkenntnisse" über den Zusammenhang von „längerer Arbeit" und „steigender Beanspruchung (Ermüdung)" nicht ausreichend methodisch erforscht und gesichert erscheinen, und kommt trotzdem dann ohne jede Rechtsgrundlage, einfach mit dem Satze, Erkenntnislücken dürften nicht den Arbeitnehmern aufgebürdet werden, zur prinzipiellen Anerkennung der Pausenforderung. Was schlimm ist an dieser richterlichen Erkenntnis, ist nicht die Tatsache einer Fehlentscheidung, sondern die Methode der richterlichen Erkenntnis. Hätte das Gericht in dem ihm zur Entscheidung vorgelegten Falle erforscht und geprüft, welchen Beanspruchungen die ArbN des Antragstellers tatsächlich ausgesetzt werden, und wäre daraufhin zur Entscheidung gekommen, daß in bestimmten Zeitabständen Arbeitsunterbrechungen notwendig sind, könnte man zwar auch anderer Meinung sein, müßte die Entscheidung aber als richterliche Erkenntnis respektieren. So ist das Gericht aber nicht vorgegangen, sondern es hat auf Grund eines völlig verfehlten methodischen Ausgangspunktes[134] im Ergebnis Vorurteile („Vorverständnisse") an die Stelle einer ordentlichen, sachgerechten Tatsachenfeststellung gesetzt.

Obendrein will das *LAG Berlin* nicht genügen lassen, daß die Bildschirmarbeit im Entscheidungsfalle tatsächlich des öfteren durch andere Arbeitsvorgänge, insbesondere telefonische Nachfragen von Kunden unterbrochen wird, weil „sich hier die Mischtätigkeit nicht aus der Struktur des Arbeitsplatzes, sondern aus der Struktur der Nachfrage ergibt"[135] und somit „die Bearbeiter selbst auf die Gestaltung ihrer

---

[133] S. 53; teilweise bereits oben zitiert § 3 Fn. 48a.

[134] E.verz. Nr. 45, S. 31 ff.; vgl. auch oben § 1 um Fn. 11a.

[135] E.verz. Nr. 45, S. 54.

Arbeitsinhalte und des Arbeitsablaufs keinen Einfluß nehmen können, sondern sich dieser allein aus der Nachfrage ergibt"[136]. Daß diese „Erkenntnisse" des *LAG Berlin* im Gesetz keine Grundlagen mehr haben, bedarf keiner weiteren Darlegungen.

Im übrigen meint das *LAG Berlin* unverständlicherweise noch, bei der Regelung von Arbeits- und Pausenzeiten im Zusammenhang mit dem Einsatz von Datensichtgeräten handele es sich „prinzipiell um eine Annex-Regelung, deren Mitbestimmungspflichtigkeit daher nicht gesondert geprüft werden müßte"[137]. Zu welcher Regelung die Arbeitszeitregelung „Annex" sein soll, wird nicht gesagt. „Lediglich zur Klarstellung" weist das Gericht noch darauf hin, daß das MBR auch gemäß § 87 Abs. 1 Nr. 2 BetrVG geltend gemacht werden könnte[137]. Die Regelung der Dauer der Arbeitszeit (im Unterschied zu Beginn und Ende der täglichen Arbeitszeit) ist aber nach § 87 Nr. 2 nicht mitbestimmungspflichtig[138]; auch würde einer derartigen betrieblichen Regelung der Tarifvorrang entgegenstehen.

c) *Der Spruch der Einigungsstelle Ortmann & Herbst*

Kaum weniger abwegig ist die Begründung der Einigungsstelle der Firma Ortmann & Herbst (Vorsitzender: Vors. Richter Dr. Baarz), welche ihre Pausenregelung auf § 87 Nr. 7 stützt, weil beide Regelungsbereiche (§ 91 und § 87 Nr. 7) in Frage stünden und die Grenzen „absolut fließend" seien. Der Regelungsbereich des § 87 Nr. 7 wird mit Hilfe der Generalklauseln der §§ 120 a GewO, 62 HGB, 3 ArbStättVO, 2 VBG 1 (UVV 1) und 3 VVGB 121 (UVV 1.2.) erschlossen[139] und das Tatbestandsmerkmal der „Gesundheitsgefahr" so begründet[140]:

> „Unter Gesundheitsschutz ist in diesem Zusammenhang die Summe der rechtlichen, organisatorischen, medizinischen und technischen Maßnahmen zu verstehen, die getroffen werden zum Schutz der körperlichen und geistigen Unversehrtheit und der Persönlichkeitsrechte der ArbN und zur Berücksichtigung ihrer Menschenwürde als Mitglieder einer freien und zivilisierten Gesellschaft (vgl. Fitting / Auffarth / Kaiser, 12. Aufl., Rdnr. 3, 4 vor § 89 BetrVG)."

Dieser Satz, mit dem das MBR aus § 87 Nr. 7 weit über den Gesundheitsbegriff der WHO[141] hinaus ins Utopische erweitert wird, ist (objek-

---

[136] S. 55.

[137] .S 56.

[138] Zutreffend *LAG Baden-Württemberg*, E.verz. Nr. 44, S. 14 im Anschluß an *GK-Wiese*, § 87 Rdnr. 70.

[139] Vgl. dazu unten § 4 VI, 3.

[140] E.verz. Nr. 61, S. 12.

[141] Vgl. § 3 II, 3 a; ferner § 4 Fn. 19, 20.

tiv) eine Verfälschung eines bei *Fitting / Auffarth / Kaiser* (Rdnr. 3 vor § 89) abgeschriebenen Satzes, der dort lautet:

„Er stellt die Summe der rechtlichen ...“ usw. wortgleich mit dem wiedergegebenen Zitat bis „zivilisierten Gesellschaft“.

Das Personalpronomen „Er“ steht bei *Fitting / Auffarth / Kaiser* aber für „Arbeitsschutz“ und soll den sog. „autonomen“ (§ 91) und den „gesetzlichen Arbeitsschutz“ (§ 87 Nr. 7) umfassen. Bedenken gegen diese Begriffsbildung von *Fitting / Auffarth / Kaiser* sind bereits geltend gemacht worden[142], eben weil diese die Gefahr in sich birgt, daß mit Hilfe des Begriffs Arbeitsschutz die tatbestandlichen Voraussetzungen des § 91 (insbesondere: „besondere Belastung“) nach § 87 Nr. 7 übertragen und damit dessen Anwendungsbereich in unzulässiger Weise erweitert wird. Diese Tendenz hat die Einigungsstelle verstärkt durch die verfälschende Ersetzung des Subjekts „Arbeitsschutz“ durch „Gesundheitsschutz“. Es bedarf keiner besonderen Darlegung, daß eine derartige Methode der Rechtsfindung zumindest in offensichtlichem Widerspruch steht zu den allgemein anerkannten Regeln von Rechtswissenschaft und Rechtsprechung.

In der weiteren Begründung des Spruches der Einigungsstelle Ortmann & Herbst heißt es dann, es könne nicht Aufgabe der Einigungsstelle sein, sich mit all den Veröffentlichungen und Gutachten auseinanderzusetzen; festzustellen sei aber,

„daß alle Veröffentlichungen zum Gegenstand haben, daß *Gesundheitsgefahren* solange möglich sind, wie nicht alle Arbeitsplätze und Arbeitsmittel im Bereich der Datensichtgeräte optimal aufeinander abgestimmt sein müssen. Keine der von der Einigungsstelle überprüften Veröffentlichungen von Sachverständigen bringt klar zum Ausdruck, daß Gesundheitsgefahren nicht gegeben sind“[143].

Auf dieser Grundlage wird dann die Pausenregelung im einzelnen so begründet:

„Die Mehrheit der Mitglieder der Einigungsstelle hält die Begrenzung der Bildschirmarbeitszeit arbeitstäglich zu 50 % für angemessen, zumutbar, aber auch erforderlich. Nach den Veröffentlichungen der Sachverständigen ist davon auszugehen, daß eine ganztägige Arbeitszeit am Bildschirmarbeitsplatz gesundheitsschädigend wirken kann. ... Da die Sachverständigen ausgeführt haben, daß eine ununterbrochene Arbeit an Bildschirmgeräten durchaus besonders belastend sein kann, hat die Mehrheit der Mitglieder der Einigungsstelle auch bei einer ununterbrochenen Tätigkeit an Bildschirmen von einer Stunde es für erforderlich gehalten, dem betreffenden Mitarbeiter dann eine zusätzliche 10minütige Unterbrechung zuzugestehen[144].“

---

[142] Vgl. § 3 Fn. 51 und § 4 Fn. 15.

[143] S. 13.

[144] S. 17.

Hierzu kann nur wiederholt werden, daß die ernstzunehmenden arbeitswissenschaftlichen Sachverständigen im allgemeinen eine derartige Arbeitszeit- und Pausenregelung nicht für erforderlich und eine Gesundheitsgefährdung mangels solcher Höchstarbeitszeit- und Pausenregelung nicht für gegeben erachten. Ob im Betrieb der Firma Ortmann & Herbst besondere Umstände vorlagen, die eine derartige Regelung notwendig machten, hat — soweit dieses aus den Gründen der Entscheidung ersichtlich ist — die Einigungsstelle nicht einmal geprüft. Auch die Einigungsstelle Ortmann & Herbst hat also ihre Entscheidung offenbar nur auf allgemeine Vorurteile gestützt.

d) Der Spruch der Einigungsstelle Ruhrchemie AG

Auch die *Einigungsstelle Ruhrchemie AG* (Vorsitzender: *Vors. Richter Bitter)* gründet ihre Pausenregelung (§ 5 Abs. 3 des Spruches[145]) auf § 87 Nr. 7 und begründet das Merkmal der Gesundheitsgefahr mit demselben verfälschten Satze wie die Einigungsstelle Ortmann & Herbst:

> „Unter Gesundheitsschutz ist in diesem Zusammenhang die Summe der rechtlichen, organisatorischen, medizinischen und technischen Maßnahmen zu verstehen, die zum Schutz der körperlichen und geistigen Unversehrtheit und der Persönlichkeitsrechte der ArbN getroffen werden[146]."

Es kann und darf vermutet werden, daß der Vorsitzende der Einigungsstelle Ruhrchemie (Spruch vom 15. 6. 1981) die Begründung des Spruches der *Einigungsstelle Ortmann & Herbst* (v. 23. 1. 1981) gekannt hat, oder daß diese Definition des Begriffs *Gesundheitsschutz* sonstwie verbreitet wird.

In der weiteren Begründung des *Vorsitzenden Bitter* fehlt jeder fallbezogene Nachweis für eine konkrete Gesundheitsgefahr, es heißt lediglich — wohl gleichfalls im Anschluß an die Gründe der Einigungsstelle Ortmann & Herbst — nach den arbeitswissenschaftlichen Veröffentlichungen seien Gesundheitsgefahren solange möglich,

> „wie nicht alle Arbeitsplätze und Arbeitsmittel im Bereich der Datensichtgeräte optimal aufeinander abgestimmt sind; aus keiner der vorliegenden wissenschaftlichen Arbeiten ergibt sich, daß Gesundheitsgefahren etwa nicht gegeben sind, so daß also die Möglichkeit von Gesundheitsgefahren bei der Arbeit an Bildschirmarbeitsplätzen nicht ausgeschlossen ist, sondern im Gegenteil dort latent besteht, wo jedenfalls eine optimale Ausstattung und optimale gesundheitliche Betreuung der an Datensichtgeräten arbeitenden Mitarbeiter nicht gewährleistet ist. Dabei stimmen die Sachverständigen darin überein, daß zu den berücksichtigenden Problemen die technische Gestaltung des Systems, die ergonomische Gestaltung der hard-ware und software, die organisatorische Gestaltung (z. B. Pausenregelung, Arbeitsstruk-

[145] Vgl. oben Fn. 129.

[146] E.verz. Nr. 62, S. 16.

turierung), die Schulung und die sachgemäße Einweisung in das System gehören. Nach allen Veröffentlichungen fallen als typische Beschwerden an Bildschirmarbeitsplätzen Kopf- und Rückenschmerzen, Erschöpfung der Nackenmuskulatur, Ermüdung der Augen, zentrale Ermüdungserscheinungen auf, wobei diese Belastungen sowohl auf Grund einseitiger Tätigkeit am Bildschirm, wie auch auf Grund schlechter ergonomischer Ausstattung oder auch fließbandähnlicher Arbeitsleistung auftreten"[147].

Auch in diesem Falle werden damit die arbeitswissenschaftlichen Veröffentlichungen zur Notwendigkeit von Arbeitszeit- und Pausenregelungen unkorrekt wiedergegeben und das MBR des BR statt auf solide Sachverhaltsfeststellung auf verfälschte Zitate und Vorurteile gestützt.

Unberechtigt ist es schließlich auch, wenn in der Einzelbegründung behauptet wird[148]:

„Sofern Arbeitsunterbrechungen zu gewähren sind, entspricht dies dem heutigen Stand ergonomischer und arbeitspsychologischer Wissenschaft" (vgl. z. B. Dr. G. Radl, ..., S. 9).

Wie oben dargelegt ist — soweit ersichtlich — der *Psychologe Dr. Radl* der einzige Arbeitswissenschaftler, der eine derartige Pausenregelung generell, d. h. ohne sorgfältige Prüfung des Einzelfalls, empfiehlt. *Radl* selbst gibt aber nicht einmal vor, seine Meinung methodisch erforscht zu haben und andere spezialisierte Arbeitswissenschaftler bekennen, daß eine solche Empfehlung arbeitswissenschaftlich nicht zu begründen ist[149].

3. Augenärztliche Untersuchung

Zu den Mitbestimmungsforderungen auf augenärztliche Untersuchung, Verpassung von Brillen u. a. wegen drohender Augenbeschwerden, Kopfschmerzen etc. ist an anderer Stelle des Textes[150] bereits das Erforderliche gesagt worden. Soweit Augenbeschwerden auftreten, die nicht durch unausgeglichene Sehfehler, sondern durch die Bildschirmarbeit bedingt sind, dürften diese Beschwerden grundsätzlich das MBR aus § 91 auslösen, weil nach den gesicherten arbeitswissenschaftlichen Erkenntnissen eingerichtete Bildschirmterminals in der Regel kaum solche Belastungen verursachen. Derartige Beschwerden sind in der Regel aber nicht als Gesundheitsschäden zu qualifizieren, weil sie regelmäßig bloße „Beanspruchungsreaktionen" sind, die nach kurzer Restitutionszeit abklingen[151]. Soweit die Augenbeschwerden jedoch auf unausgeglichenen

---

[147] E.verz. Nr. 62, S. 18 f.

[148] S. 21.

[149] Vgl. § 3 IV, 2 a nach Fn. 117; vor allem aber *Cakir / Hart / Stewart*, Bildschirmarbeitsplätze, S. 246 ff.

[150] Vgl. insbes. § 3 III, 3 u. § 4 III, 5.

[151] *Radl*, Gutachten, S. 9; ebenso *Cakir / Hart / Stewart*, S. 215; ähnlich *Krueger / Müller-Limmroth*, S. 29.

Sehfehlern beruhen, ist zwar der ArbGeb auf Grund seiner Fürsorgepflicht verpflichtet, eine augenärztliche Untersuchung zu veranlassen, ein MBR aus § 91 oder aus § 87 Nr. 7 ist aber nicht gegeben[152].

4. Mutterschutz

Nach dem Spruch der Einigungsstelle Ortmann & Herbst sind Frauen, die dem Mutterschutz unterliegen, auf Antrag von der Bildschirmarbeit zu befreien[153]. Ausweislich der Begründung meinte die Mehrheit der Mitglieder,

> „diese Regelung aufnehmen zu müssen, um einer Frau, die dem Mutterschutz unterliegt, die Möglichkeit zu geben, nicht am Bildschirm arbeiten zu müssen, wenn sie selbst der Überzeugung ist, daß die Arbeit für sie zu anstrengend wird“[154].

Diese Regelung, welche die Arbeitspflicht vom individuellen „subjektiven Wohlbefinden[155]“ abhängig macht, geht über den gesetzlichen Arbeits- und Mutterschutz weit hinaus und ist ohne Rechtsgrundlage.

5. Lärm

Nach 2.2. des Spruchs der *Einigungsstelle Ortmann & Herbst* soll ferner in Räumen mit Bildschirmgeräten angestrebt werden, 55 dB (A) unter Berücksichtigung aller Lärmquellen nicht zu überschreiten.

Nach § 15 Abs. 1 Nr. 1 ArbStättVO darf bei „überwiegend geistigen Tätigkeiten“ ein Schallpegel von 55 dB (A) nicht überschritten werden; bei einfachen oder überwiegend mechanisierten Bürotätigkeiten wird die Grenze auf 70 dB (A) reduziert (§ 15 Abs. 1 Nr. 2 ArbStättVO). Eine Begründung für die Bewertung der Bildschirmarbeit als „überwiegend geistige Tätigkeit“ wird nicht gegeben, sondern lediglich mitgeteilt, daß die Einigungsstelle dies wollte, obwohl die Geschäftsleitung die Forderung für „stark überzogen“ ansah. Das in diesem Punkte sogar gegen das Gesetz (§ 87 Abs. 1 Eingangssatz) gesprochene *sic volo, sic iubeo* ist nicht zu überhören und wird auch kaum dadurch abgeschwächt, daß die Regel 2.2. lediglich als Soll-Vorschrift formuliert ist.

6. Zwischenergebnis

Als Zwischenergebnis ist festzuhalten, daß bei ordnungsgemäßer Einrichtung qualifizierter Bildschirmsysteme in der Regel kaum „besondere Belastungen“ im Sinne des § 91 auftreten dürften, noch weniger

---

[152] Vgl. unten § 4 III, 5.
[153] Vgl. § 4 Fn. 27a.
[154] E.verz. Nr. 61, S. 18.
[155] Vgl. § 4 II, 3 a u. b.

wahrscheinlich sind echte Gesundheitsgefahren im Sinne des § 87 Nr. 7 in Verb. m. 120 a GewO oder anderer Generalklauseln.

Für ein gerichtliches Beschluß- oder Einigungsstellenverfahren fehlt — entgegen der Auffassung des *LAG Berlin*[156] — grundsätzlich das *Rechtsschutzbedürfnis*, wenn der ArbGeb ohnehin bereit ist, den im Wege der MB geltend gemachten Forderungen der BR zu genügen. Allerdings sind im gerichtlichen Verfahren abgegebene Erklärungen des ArbGeb, er wolle ohnehin so handeln wie der BR es verlangt, als bloße *protestatio facto contraria* zurückzuweisen, wenn der ArbGeb sich bereits längere Zeit gegen die Verwirklichung der Forderung des BR sperrt.

[156] E.verz. Nr. 45, S. 39 u. 58; vgl. ferner § 4 um Fn. 83 und § 6.

§ 4 Das Mitbestimmungsrecht aus § 87 Abs. 1 Nr. 7 BetrVG

I. Regelungsverlangen

Es ist weiter zu prüfen, ob das Verlangen der Betriebsräte, die Arbeitsplätze und Arbeitsabläufe in bestimmter Weise zu gestalten, die Arbeitszeit auf vier Stunden zu verkürzen, regelmäßige Pausen zu verordnen, Misch- und Mehrstellenarbeitsplätze einzurichten, augenärztliche Untersuchungen zu veranlassen, auf der Grundlage von § 87 Nr. 7 durch Betriebsvereinbarung, notfalls durch Spruch der Einigungsstelle, durchgesetzt werden kann.

II. Arbeitsschutzvorschriften

Das MBR aus § 87 Nr. 7 ist nur gegeben im Rahmen der *gesetzlichen Vorschriften* oder der *Unfallverhütungsvorschriften*[1] zur Verhütung von „Unfall- und Gesundheitsgefahren“. Spezielle gesetzliche Vorschriften oder (echte) Unfallverhütungsvorschriften, welche die Einrichtung oder den Umgang mit Bildschirmgeräten betreffen, gibt es allerdings bisher nicht. Eine Vielzahl allgemeiner Vorschriften sind jedoch auch bei der Einrichtung von Arbeitsplätzen mit Bildschirmterminals und der Arbeit mit derartigen Geräten einschlägig.

1. Klassifizierung

Die Masse der gesetzlichen Vorschriften und Unfallverhütungsvorschriften des Arbeitsschutzrechts ist unzählbar und wohl auch für Spezialisten auf diesem Felde kaum noch übersichtlich. Das Bundesministerium für Arbeit und Sozialordnung bemüht sich jedoch um eine Bereinigung und Systematisierung dieser Masse. Brauchbar erscheint die Klassifizierung der Schutzvorschriften in die fünf Sachbereiche:

(1) Arbeitsstätten,
(2) Arbeitsmittel,
(3) Arbeitsstoffe,
(4) personenbezogene Maßnahmen,
(5) Organisation der Arbeitsabläufe.

---

[1] Gemeint: Auf der Grundlage und in den Grenzen von § 708 RVO, nicht also von Sicherheitsregeln.

Sehr hilfreich ist die mit dieser Gliederung dargestellte Übersicht der Vorschriften- und Normenmasse im Kommentar von *Fitting / Auffarth / Kaiser*[2].

2. Eventuell einschlägige Vorschriften

(1) In der Gruppe 1 sind in erster Linie zu nennen die auf der Grundlage der §§ 120 e Abs. 1—3 und 139 h GewO erlassene Arbeitsstättenverordnung (ArbStättVO) vom 20. 3. 1975[3] und die gem. § 3 ArbStättVO zustande gebrachten Arbeitsstättenrichtlinien[4], die wiederum auf eine große Masse von DIN-, VDE-, VDI- und sonstigen privaten Normen verweisen. Hinzu kommen die Unfallverhütungsvorschriften der Berufsgenossenschaften, insbesondere deren allgemeine Vorschriften (abgekürzt: VBG 1), die zum Teil mit Vorschriften der ArbStättVO wörtlich übereinstimmen. Diese Vorschriften betreffen insbesondere Belüftung und Klimatisierung, Beleuchtung, Schallschutz, Feuerschutz etc. der Arbeitsstätten und gelten unabhängig davon, ob die Arbeitsstätten mit Schreibmaschinen oder Bohrmaschinen oder Datensichtgeräten ausgestattet werden[5].

(2) In der Gruppe 2 sind vor allem das Gerätesicherheitsgesetz (früher: Maschinenschutzgesetz) in der Fassung vom 13. 8. 1979[6] und die auf der Grundlage von § 4 Abs. 1 Nr. 1 GSG erlassene Niederspannungsverordnung vom 11. 6. 1979[7] zu beachten. Einschlägig sind aber auch die Röntgenverordnung[8] und die Strahlenschutzverordnung[9] sowie eine Masse von Unfallverhütungsvorschriften, DIN- und sonstigen privaten Normen[10].

(3) Die Vorschriften über Arbeitsstoffe betreffen insbesondere den Umgang mit Chemikalien und ähnlichem und dürften für die Einrichtung von BAP kaum einschlägig sein[11].

---

[2] Vor § 89 Rdnr. 32 ff., welche ausweislich des Vorworts Herr Oberamtsrat *Schmidt* besorgt hat.

[3] BGBl. I S. 729.

[4] Übersichtlich jeweils zu den jeweiligen §§ der ArbStättVO abgedruckt in: Arbeitsstätten-Vorschriften und Richtlinien — Nr. 2 Schriftenreihe Regelwerke Arbeitsschutz, hrsg. im Auftrag des Bundesministers für Arbeit und Sozialordnung von der Bundesanstalt für Arbeitsschutz und Unfallforschung Dortmund, Postfach 17 02 02, 4600 Dortmund 17.

[5] Vgl. *Fitting / Auffarth / Kaiser*, vor § 89 Rdnr. 33.

[6] BGBl. I S. 1432.

[7] BGBl. I S. 629. Vgl. dazu *Meyer*, S. 127 ff.

[8] Vom 1. 3. 1973, BGBl. I S. 173.

[9] Vom 13. 10. 1976, BGBl. I S. 2905; 1977, S. 184, 269, geändert durch VO v. 12. 12. 1977 (BGBl. I S. 2337) und vom 23. 8. 1979 (BGBl. I S. 1509).

[10] Vgl. *Nöthlichs / Jeiter / Stürk*, Rechtsvorschriften im Bereich der Elektrotechnik; *Fitting / Auffarth / Kaiser*, vor § 89 Rdnr. 34.

[11] Vgl. *Fitting / Auffarth / Kaiser*, vor § 89 Rdnr. 35.

(4) Zur 4. Gruppe der Vorschriften über personenbezogene Maßnahmen gehören u. a. die Arbeitszeitordnung, das Jugendarbeitsschutz-, auch das Mutterschutzgesetz und insbesondere das Arbeitssicherheitsgesetz sowie wiederum eine Masse von Unfallverhütungsvorschriften[12].

(5) In der Gruppe der Vorschriften über die Organisation der Arbeitsabläufe sind einschlägige Vorschriften für die Einrichtung von BAP nicht ersichtlich[13].

(6) In Betracht gezogen werden müssen nicht zuletzt auch die Generalklauseln der §§ 618 BGB, 62 HGB, 120 a GewO, die das fünfteilige Gliederungsschema inhaltlich überdecken. Es ist zwar streitig, ob die genannten Generalklauseln das MBR aus § 87 Nr. 7 auslösende Schutzvorschriften sind, darauf kann aber erst später[14] näher eingegangen werden.

III. Gesundheits- und Unfallschutz

Das MBR aus § 87 Nr. 7 erfaßt nicht die gesamte Masse der vorstehend aufgezeigten Vorschriften des sog. gesetzlichen Arbeitsschutzes[15], sondern lediglich die konkretisierungsfähigen und -bedürftigen gesetzlichen Vorschriften zur „Verhütung von Arbeitsunfällen und Berufskrankheiten sowie über den Gesundheitsschutz"[16].

1. Humanisierungsteil der Arbeitsstättenverordnung und der Sicherheitsregeln

Die Abgrenzung zwischen Gesundheits- und Unfallschutzvorschriften einerseits und Vorschriften, die lediglich der Humanisierung der Arbeitswelt dienen, ist freilich manchmal schwierig, zumal der Gesetzgeber die Tatbestände teilweise bewußt vermischt. Das gilt z. B. für die ArbStättVO, die nach ihrer amtlichen Begründung[17] auch der praktischen Verwirklichung der in §§ 90, 91 enthaltenen Grundsätze dienen soll, obwohl dieser Regelungszweck von der Ermächtigungsgrundlage

[12] Vgl. *Fitting / Auffarth / Kaiser,* vor § 89 Rdnr. 36.

[13] Vgl. *Fitting / Auffarth / Kaiser,* vor § 89 Rdnr. 40.

[14] Vgl. unten § 4 VI, 3.

[15] A. A. *Denck* (ZfA 1976, 452): „Der Wirkungsbereich des § 87 Abs. 1 Nr. 7 BetrVG erstreckt sich auf den Arbeitsschutz schlechthin." Unklar auch *Galperin / Löwisch,* § 87 Rdnr. 153 ff.; *GK-Wiese,* § 87 Rdnr. 110. Darüber hinaus bestehen gegen die begriffliche Unterscheidung „gesetzlicher" und „autonomer" Arbeitsschutz prinzipielle Bedenken, vgl. auch § 3 IV 2 c u. d sowie § 3 Fn. 51.

[16] So gemäß dem Gesetz klar und zutreffend auch *Fitting / Auffarth / Kaiser,* vor § 89 Rdnr. 14; teilweise unrichtig jedoch Rdnr. 11 vor § 89, vgl. auch unten § 4 III, 4 u. 5.

[17] BR-Drucks. 684/74.

des § 120 e i. V. mit den §§ 120 a und b GewO nicht mehr abgedeckt ist. So bezweckt z. B. der Schutz vor elektrostatischen Entladungen nach § 16 Abs. 2 ArbStättVO, vor unzuträglichen Gerüchen nach § 16 Abs. 3 S. 1 ArbStättVO, oder vor Belästigungen durch Tabakrauch nach § 32 ArbStättVO nicht den Schutz „gegen Gefahren für Leben und Gesundheit" (§ 120 a GewO), sondern vielmehr die Vermeidung von unangenehmen, lästigen und ärgerlichen Begleiterscheinungen, letztlich also die Schaffung einer angenehmeren, menschengerechteren, humaneren Arbeitsumgebung[18]. Diese außerhalb der Ermächtigungsgrundlage der §§ 120 a und b GewO stehenden Vorschriften der ArbStättVO sind wegen Verstoßes gegen Art. 80 GG verfassungswidrig und wohl auch nichtig. Die verfassungsrechtliche Frage braucht hier aber nicht vertieft zu werden, denn jedenfalls werden die „verfassungswidrigen" Vorschriften außerhalb der Ermächtigungsgrundlage nicht mehr vom Mitbestimmungstatbestand des § 87 Nr. 7 erfaßt. Die Verfassungsmäßigkeit des „Humanisierungsteils" der ArbStättVO läßt sich auch nicht mit der Begründung verteidigen — und der Mitbestimmungsbereich des § 87 Nr. 7 nicht mit derselben Begründung erweitern, der „Gesundheitsbegriff" in § 120 a GewO und § 87 Nr. 7 sei im Sinne der Definition der Weltgesundheitsorganisation[19] zu verstehen, weil dann auf dem Gebiet des Arbeits- und Sozialrechts alle Begriffe ihren Sinn, alle Normen ihren Inhalt verlieren würden. Der Arbeitslohn und alle diesbezüglichen Voraussetzungen und Regelungen wären mit der Annahme dieses Gesundheitsbegriffs überflüssig, es gäbe dann nur noch Lohnfortzahlung und Krankengeld, denn wer unter uns ist noch gesund, wenn Gesundheit „ein Zustand *vollständigen* geistigen, körperlichen und sozialen Wohlbefindens" ist[20].

Aus diesem Grunde haben die Berufsgenossenschaften, als sie einen großen Teil von Vorschriften der ArbStättVO in den allgemeinen Teil

---

[18] Vgl. *Heinen / Tentrop / Wienecke / Zerlett*, ArbStättVO, Erl. zu § 16 II (S. 11 ff.); ferner *Schmatz / Nöthlichs*, ArbStättVO, Erl. zu §§ 31, 32 Kennzahl 4211 (S. 5): Gesundheitsgefahr bei Überschreiten der „Belästigungsgrenze".

[19] Vgl. § 3 Fn. 14.

[20] A. A. jedoch *Schmatz / Nöthlichs*, ArbStättVO, Kennzahl 4152, S. 2: „Damit (lies: mit § 120 a GewO) sind die Grundpflichten der ArbGeb sehr weit gespannt. Der von der WHO entwickelte Gesundheitsbegriff bezieht sich nicht nur auf die körperliche Unversehrtheit, er schließt vielmehr das körperliche und seelische Wohlbefinden des Menschen mit ein. Den ArbGeb ist deshalb die Aufgabe gestellt, die Arbeit menschengerecht zu gestalten." Die Anwendungsbereiche von § 91 und § 87 Nr. 7 werden damit ununterscheidbar, und im übrigen werden utopische Vorstellungen als geltendes Recht postuliert. Noch weitergehend haben die *Einigungsstellen Ortmann & Herbst* (Vors. *Baarz)* und *Ruhrchemie AG* (Vors. *Bitter)* den Anwendungsbereich des § 87 Nr. 7 erweitert, indem sie die ohnehin schon bedenkliche Definition von Fitting / Auffarth / Kaiser (vor § 89 Rdnr. 3) zur Begriffsbestimmung des Gesundheitsschutzes verfälschten, vgl. unten § 3 IV 2 c u. d.

der Unfallverhütungsvorschriften (VBG 1) wörtlich übernahmen, bewußt darauf verzichtet, auch die „Humanisierungsbestimmungen" der ArbStättVO zu übernehmen, weil dies von der Ermächtigungsvorschrift des § 708 RVO nicht gedeckt gewesen wäre und die Berufsgenossenschaften ihre Kompetenz überschritten hätten[21].

Von dieser Zurückhaltung hat sich der „Hauptverband der Berufsgenossenschaften" bei der Aufstellung von „Sicherheitsregeln für Bildschirmarbeitsplätze im Bürobereich" freigemacht. Der Hauptverband durfte sich davon freimachen, weil er kein Kompetenzträger i. S. des § 708 RVO ist und weil die „Sicherheitsregeln" darum auch keine Unfallverhütungsvorschriften i. S. des § 708 RVO und des § 87 Nr. 7 sind[22].

Der Hauptverband der Berufsgenossenschaften hätte in den „Vorbemerkungen" zu diesen Sicherheitsregeln allerdings trotzdem nicht schreiben dürfen, daß in den vorgelegten Sicherheitsregeln die sicherheitstechnischen und ergonomischen Regelungen zusammengestellt sind, die zur Vermeidung von *Unfall- und Gesundheitsgefahren* an Bildschirmarbeitsplätzen erforderlich sind. Denn die Sicherheitsregeln enthalten eine Vielzahl von Regelungen, die über diesen Zweck erkennbar hinausgehen und der „Humanisierung der Arbeitswelt" dienen. Obwohl die Sicherheitsregeln weder gesetzliche Vorschriften noch Unfallverhütungsvorschriften sind, ist nämlich die Frage der Grenzziehung zwischen Humanisierungszweck und Gesundheitsschutz innerhalb der „Sicherheitsregeln" im vorliegenden Zusammenhang nicht ganz ohne Bedeutung. Nimmt man nämlich an, daß auch die Generalklauseln der §§ 618 BGB, 62 HGB, 120 a Abs. 1 GewO gesetzliche Schutzvorschriften i. S. des § 87 Nr. 7 sind, und daß deren Blankette, insbesondere der *Gefahrbegriff*, auch durch arbeitswissenschaftliche Erkenntnisse in der Form von Arbeitsstättenrichtlinien, DIN-Normen und den Sicherheitsregeln des Hauptverbands der Berufsgenossenschaften konkretisiert werden können, so darf diese Konkretisierung selbstverständlich nur durch Erkenntnisse und Normen erfolgen, die dem *Gesundheits- oder Unfallschutz* dienen und nicht lediglich der „menschengerechten Gestaltung der Arbeit"[23]. Die Trennungslinie zwischen Humanisierungszweck und Gesundheitsschutz läuft in einigen der *Sicherheitsregeln* schier untrennbar mitten durch die Regelungen hindurch. Einige Beispiele sollen das verdeutlichen:

---

[21] Vgl. *Buss / Eiermann*, BG 1977, 109 ff. (112); *Eiermann*, BG 1978, 96 ff. (97).

[22] Vgl. oben § 3 II, 5 d.

[23] Anders *Fitting / Auffarth / Kaiser* (vor § 89 Rdnr. 7 b), die mit nicht ganz klaren Wendungen die durch Rechtsvorschriften in bezug genommenen Sicherheitsregeln dem „gesetzlichen Arbeitsschutz" (vgl. § 3 Fn. 51; § 4 Fn. 15) zuordnen wollen.

„4.1.4.

Die Zeichen dürfen nicht ineinander verlaufen. Der Eindruck einer scharfen Darstellung ist bei normaler Arbeitshaltung, d. h. ohne stark ermüdende oder gesundheitsschädliche Körperhaltung zu gewährleisten.

4.5.1.

Bildschirmarbeitsplätze sind mit ergonomisch gestalteten Vorlagehaltern auszustatten, wenn sonst stark ermüdende oder gesundheitsschädliche Körperhaltungen nicht ausgeschlossen werden können.

4.6.1.

Die Abmessung von Bildschirmarbeitstischen müssen den ergonomischen Erfordernissen entsprechen, so daß stark ermüdende oder gesundheitsschädliche Körperhaltungen vermieden werden."

Die Vermeidung „stark ermüdender" Körperhaltungen dient der menschengerechten Gestaltung der Arbeit und kann das MBR des § 91 auslösen, die Verhinderung gesundheitsschädlicher Körperhaltungen kann über die angeführten Generalklauseln ein MBR des Betriebsrats aus § 87 Nr. 7 eröffnen. Es bedarf also zur *rechtlichen* Entscheidung, ob ein und ggf. welcher Mitbestimmungstatbestand gegeben ist, der *tatsächlichen* Klärung, ob eine *Gesundheitsgefahr* i. S. des § 618 BGB i. V. mit § 87 Nr. 7 oder nur eine *„besondere Belastung"* i. S. des § 91 vorliegt. Entsprechendes gilt auch für einige Vorschriften der ArbStättVO, z. B. sind die bereits oben genannten elektrostatischen Aufladungen in § 16 Abs. 2 ArbStättVO wohl nicht unbedingt gesundheitsgefährlich; dasselbe gilt für die mechanischen Schwingungen, die nach § 16 Abs. 1 ArbStättVO so niedrig zu halten sind, wie es nach Art des Betriebs möglich ist.

Freilich ist einzuräumen, daß gerade bei Dauerbeeinträchtigungen die Vermeidung von „besonderer Belastung" im Vorfeld des erfaßbaren Gesundheitsschutzes langfristig auch der Verhütung von Gesundheitsschäden dienen kann[24]. Die ohnehin fließenden Übergänge verlaufen zusätzlich in der Zeit unerkennbar und ununterscheidbar. Dennoch bleibt es dem Juristen nicht erspart, im gegebenen Fall entscheiden zu müssen, ob ein MBR aus § 91 oder aus § 87 Nr. 7 gegeben ist, ob eine *besondere Belastung* beseitigt und eine *Gesundheitsgefahr* verhindert werden soll. Das ist tatsächlich schon schwer genug, wird aber völlig unmöglich, wenn auch begrifflich und methodisch alle Entscheidungsziele und Voraussetzungen verwischt werden.

2. Schutz von Sitte, Anstand und Hygiene

Wie dargestellt, fehlt es dem Humanisierungsteil der ArbStättVO an der gem. Art. 80 GG notwendigen Ermächtigungsgrundlage. Die Er-

---

[24] Vgl. *Fitting / Auffarth / Kaiser,* vor § 89 Rdnr. 4.

mächtigungsgrundlagen der §§ 120 e und 139 h GewO i. V. mit §§ 120 a, b und c GewO berechtigen jedoch zum Erlaß von Vorschriften zum Schutz von Sitte, Anstand und Hygiene. Die §§ 34—37 ArbStättVO sind daher verfassungsgemäß. Dennoch sind diese und andere Vorschriften mit diesem Schutzzweck keine Arbeitssschutzvorschriften im Sinne des § 87 Nr. 7, weil sie nicht dem Gesundheits- und Unfallschutz dienen[25].

3. Jugendarbeitsschutz

Teilweise unrichtig ist es auch, wenn *Fitting / Auffarth / Kaiser*[26] schreiben:

> „Dagegen handelt es sich bei den Regelungstatbeständen nach § 11 Abs. 3, §§ 22, 23, 28—30 Jugendarbeitsschutzgesetz um betriebliche Maßnahmen, die unter dem Gesichtspunkt der Vermeidung konkreter im Betrieb auftretender Gesundheitsschädigungen getroffen werden müssen. Daher besteht insoweit das MBR nach § 87 Abs. 1 Nr. 7."

Nach § 11 Abs. 3 JugArbSchG sollen für Jugendliche besondere Aufenthaltsräume für die Pausen bereit gestellt werden, in der warmen Jahreszeit im Freien. Der Zweck der Vorschrift ist löblich, aber wohl doch überwiegend auf jugend-(menschen-)gerechte Gestaltung der Arbeitsumgebung und weniger auf den Gesundheitsschutz gerichtet. Nach § 22 Nr. 1 JugArbSchG dürfen Jugendliche nicht mit Arbeiten beschäftigt werden, die ihre Leistungsfähigkeit übersteigen — das ist klarer Gesundheitsschutz; nach Nr. 2 derselben Vorschrift sollen die Jugendlichen nicht *sittlichen* Gefahren ausgesetzt werden — das ist außerhalb des Bereichs des § 87 Nr. 7. Nach § 28 Abs. 1 JugArbSchG muß der ArbGeb die Vorkehrungen und Maßnahmen treffen, die „zum Schutze der Jugendlichen gegen Gefahren für Leben und Gesundheit sowie zur Vermeidung einer Beeinträchtigung der körperlichen oder seelisch-geistigen Entwicklung der Jugendlichen erforderlich sind"; dabei sind u. a. die „gesicherten arbeitswissenschaftlichen Erkenntnisse" zu beachten. Auch diese gesicherten arbeitswissenschaftlichen Erkenntnisse eröffnen das MBR des BR nach § 87 Nr. 7 nur, wenn und soweit sie auf die „Verhinderung von Arbeitsunfällen und Berufskrankheiten sowie den Gesundheitsschutz" gerichtet sind. Nicht aber, wenn sie nur besondere Belastungen verhindern oder vor sittlichen Gefahren schützen sollen.

---

[25] Unklar *Fitting / Auffarth / Kaiser* (vor § 89 Rdnr. 18): „Dem Gesundheitsschutz i. S. des § 87 Nr. 7 *im weiteren Sinne* sind auch *zuzuordnen* die hygienischen Vorschriften in § 120 b Abs. 3 u. 4 und § 120 c GewO. Nicht dagegen die auch zum gesetzlichen Arbeitsschutz gehörenden Vorschriften zum Schutz von Anstand oder Sitte und über die Trennung der Geschlechter; die Beteiligung des BR ergibt sich insoweit nicht aus § 87 Abs. 1 Nr. 7, sondern aus § 87 Abs. 1 Nr. 1."

[26] Vor § 89 Rdnr. 11.

4. Sog. sozialer Arbeitsschutz

Zutreffend erkennen *Fitting / Auffarth / Kaiser*[27] dagegen auch an, daß das MBR aus § 87 Nr. 7 nicht in Betracht kommt im Bereich des sogenannten „sozialen Arbeitsschutzes“, d. h. bei den zeitlichen Beschränkungen des Einsatzes der menschlichen Arbeit (z. B. Verbot der Kinderarbeit, Beschränkung der täglichen und wöchentlichen Arbeitszeit, Arbeitszeitvorschriften für Jugendliche, Beschäftigungsverbote nach dem Mutterschutzgesetz[27a], Ladenschlußgesetz, Bäckereiarbeitszeitgesetz). Das MBR des BR bei den sich aus diesen Vorschriften ergebenden „Regelungsmöglichkeiten“ erfolge

> „nicht in erster Linie unter dem Gesichtspunkt der Verhütung von Arbeitsunfällen und Berufskrankheiten, sondern unter dem Gesichtspunkt der Verteilung oder Veränderung der Arbeitszeit (§ 87 Abs. 1 Nr. 2 und 3, Dennecke-Neumann, AZO, § 2 Rdnr. 14, § 4 Rdnr. 19)“.

Ob § 87 Nr. 2 und 3 wirklich Mitbestimmungsrechte beim Vollzug dieser Normen geben, ist zu bezweifeln, mag hier aber dahinstehen; richtig ist jedenfalls, daß in diesem Bereich ein MBR aus § 87 Nr. 7 nicht in Betracht kommt. Entsprechend ist bei anderen Vorschriften des sog. „sozialen Arbeitsschutzes“ zu differenzieren.

5. Arbeitsbedingte Gefahren

Die in § 87 Nr. 7 verwendeten Begriffe „Arbeitsunfall“ und „Berufskrankheit“ entstammen den §§ 548, 551 RVO (Unfallversicherungsrecht). Diesen Unfallversicherungstatbeständen ist gemeinsam, daß sie *durch* die versicherte Tätigkeit, d. h. *durch* die im Arbeitsverhältnis erbrachte Arbeitsleistung *verursacht* sein müssen (sog. haftungsbegründende Kausalität[28]). Ein Unfall oder eine Krankheit, die nur bei Gelegenheit der versicherten Tätigkeit auftritt, ist kein Arbeitsunfall bzw. keine Berufskrankheit.

Der zusätzliche Begriff „Gesundheitsschutz“ ist in § 87 Nr. 7 nur aufgenommen worden, weil „Berufskrankheiten“ nur solche sind, die in dem Berufskrankheitenkatalog des § 551 RVO durch den Verordnungsgeber aufgenommen worden sind, und weil der Schutzbereich des § 87 Nr. 7 auch andere Krankheiten erfassen soll, die nicht oder noch nicht in diesen Katalog aufgenommen worden sind. Auch diese anderen

---

[27] Vor § 89 Rdnr. 11.

[27a] Unhaltbar ist daher die Regelung 4.3. des Spruchs der *Einigungsstelle Ortmann & Herbst* (E.verz. Nr. 61): „Frauen, die dem Mutterschutz unterliegen, sind von der Bildschirmarbeit auf Antrag zu befreien. Sie erhalten eine ihrer bisherigen Qualifikation gleichwertige Tätigkeit und eine Gehaltssicherung.“ Vgl. dazu im Text § 3 IV 4.

[28] Vgl. *Bley*, S. 135 ff.

Krankheiten, Gesundheitsschädigungen müssen aber durch die Arbeit verursacht worden sein[29].

Entsprechend wie beim Tatbestand des § 91[29a] ist also auch im Rahmen des § 87 Nr. 7 zu prüfen, ob die Augenbeschwerden, Kopfschmerzen etc. durch zu geringe Leuchtdichtedifferenz der Bildschirmzeichen oder Flimmern der Kathodenstrahlröhre oder unzureichende Lichtverhältnisse (Blendung) in der Bildschirmumgebung oder aber *im wesentlichen*[30] durch unausgeglichene Sehfehler *verursacht* worden sind. Wären die Augenbeschwerden, Kopfschmerzen etc. bei einem ArbN mit „normaler", durchschnittlicher Sehfähigkeit nicht aufgetreten, so sind sie im wesentlichen *anlagebedingt*, nicht *arbeitsbedingt* und könnten selbst dann, wenn sie als „Gesundheitsgefahren" zu bewerten wären[30a], das MBR aus § 87 Nr. 7 nicht auslösen.

Selbstverständlich ergibt sich aus der dem ArbGeb obliegenden Fürsorgepflicht, daß er die ArbN an BAP auf die Möglichkeit solcher Sehfehler und die Notwendigkeit ihrer Überprüfung und Beseitigung aufmerksam machen muß. Da nicht nur die Augenbeschwerden und Kopfschmerzen, sondern auch die unausgeglichenen Sehfehler eine *Krankheit*[31], welche die ArbN zur Bildschirmarbeit unfähig machen kann, im Sinne der §§ 616 BGB, 1 LohnfG, 165 ff. RVO darstellen, ist die ärztliche Untersuchung und die evtl. erforderliche Brille gem. §§ 182 ff. RVO von der Krankenkasse zu zahlen, ausfallende Arbeitszeit gem. §§ 616 BGB, 1 LohnfG vom ArbGeb zu vergüten. Es bedarf dazu keiner zusätzlichen Rechtsgrundlage in einer Betriebsvereinbarung.

IV. Ermessensspielräume und Beurteilungshöfe

Schon aus dem Wortlaut des Gesetzes ergibt sich klar, daß das MBR des BR aus § 87 Nr. 7 *zur Ausfüllung des Rahmens* gesetzlicher Vorschriften oder Unfallverhütungsvorschriften gegeben ist (Mitbestimmung im Normvollzug[32]). Demzufolge setzt das MBR aus § 87 Nr. 7 einen *Ermessensspielraum* in den gesetzlichen Vorschriften oder Un-

---

[29] Ebenso *Fitting / Auffarth / Kaiser,* vor § 89 Rdnr. 17.

[29a] Vgl. oben § 3 III 3; ferner *LAG Berlin* (E.verz. Nr. 45), S. 7 f., 44 ff.

[30] Die Kausalitätsfrage ist nach der „Theorie der wesentlichen Bedingung" (causa-proxima-Lehre) zu beantworten; vgl. *Lauterbach,* § 548 RVO Anm. 8 ff. m. w. N.; *Ehmann,* Betriebsrisikolehre, S. 138 ff.

[30a] Was jedoch in der Regel nicht wahrscheinlich ist, vgl. § 3 IV 3.

[31] Krankheit hier im Rechtssinne verstanden als „regelwidriger Körper- oder Geisteszustand, der in der Notwendigkeit der Krankenpflege oder in Arbeitsunfähigkeit wahrnehmbar zutage tritt"; vgl. *Schaub,* § 98 II, 3 m. w. N.

[32] Grundlegend *Hilger,* BB 1956, 10 ff.

fallverhütungsvorschriften voraus. *Fitting / Auffarth / Kaiser*[33] sagen, es komme jeweils darauf an,

„ob die Vorschrift für einen bestimmten Tatbestand eine konkrete ‚einzige' Lösung (z. B. eine bestimmte Maßvorschrift) festlegt oder ob sie wiederum einen ausfüllungsbedürftigen oder -fähigen Raum enthält. Dort, wo die Vorschrift eine bestimmte Maßnahme zwingend anordnet, hat der ArbGeb selbst nichts mehr zu ‚bestimmen', damit entfällt auch das MBR des BR".

Wegen der Vielgestaltigkeit der zu regelnden Sachverhalte (Produktion, Arbeitsmittel, Arbeitsverfahren etc.) enthalten allerdings die meisten Arbeitsschutzvorschriften mehr oder weniger offene Blankettbegriffe und Generalklauseln, nicht selten auch sogenannte *Abweichklauseln*[34] (z. B. § 4 ArbStättVO), die umfängliche Spielräume für das MBR des BR eröffnen. So heißt es z. B. in § 7 Abs. 3 ArbStättVO:

„Beleuchtungseinrichtungen in Arbeitsräumen und Verkehrswegen sind so anzuordnen und auszulegen, daß sich aus der Art der Beleuchtung keine Unfall- oder Gesundheitsgefahren für die ArbN ergeben können. Die Beleuchtung muß sich nach der Art der Sehaufgabe richten. Die Stärke der Allgemeinbeleuchtung muß mindestens 15 Lux betragen."

Die Beleuchtungseinrichtung kann auf verschiedene Art und Weise so angeordnet und ausgelegt werden, daß sich keine Unfall- und Gesundheitsgefahren ergeben. Im Rahmen der verschiedenen geeigneten Möglichkeiten besteht ein Ermessensspielraum des ArbGeb, der ein MBR des BR nach § 87 Nr. 7 eröffnen kann, sofern nicht Arbeitsstättenrichtlinien und andere Normen den Ermessensspielraum ausfüllen.

Diese Mitbestimmungsräume der gesetzlichen Vorschriften werden allerdings insbesondere im Arbeitsstättenrecht durch die konkretisierenden Arbeitsstättenrichtlinien (ASR) (vgl. z. B. ASR 7/1—4 zu § 7 ArbStättVO) und deren Weiterverweisungen auf DIN und sonstige private Normen zunehmend eingeengt[35]. Zur Konkretisierung des öffentlich-rechtlichen Arbeitsschutzrechtes ist in erster Linie der Staat, nicht der BR berufen[36]. Das MBR entfällt daher auch dann, wenn Gewerbeaufsichtsbeamte (z. B. gem. § 120 d oder f GewO) oder technische Aufsichtsbeamte gem. § 712 Abs. 1 S. 2 RVO bestimmte Maßnahmen anordnen[37].

---

[33] Vor § 89 Rdnr. 29; ebenso *Denck*, ZfA 1976, 453; ferner *Einigungsstelle Ruhrchemie* (E.verz. Nr. 62, S. 16).

[34] Vgl. *Fitting / Auffarth / Kaiser*, vor § 89 Rdnr. 23, 31; *Marburger*, S. 156, ferner S. 62, 87, 119, 400, 425, 440, 455, 469 f., 489 f., 500.

[35] So zutreffend *Fitting / Auffarth / Kaiser*, vor § 89 Rdnr. 39; *Denck*, ZfA 1976, 468 ff.; ebenso *Galperin / Löwisch*, § 87 Rdnr. 156.

[36] *Denck*, ZfA 1976, 470; ebenso *LAG Düsseldorf* (E.verz. Nr. 39, S. 21); dagegen jedoch *Einigungsstelle Ruhrchemie* (Vors. *Bitter*), E.verz. Nr. 62, S. 17.

[37] *Fitting / Auffarth / Kaiser*, vor § 89 Rdnr. 30, *Glaubitz*, BB 1977, 1405.

Das normkonkretisierende MBR aus § 87 Nr. 7 besteht ferner nur zur Ausfüllung von Ermessens-(Regelungs-)spielräumen, nicht aber zur Entscheidung von *Rechtsfragen (Beurteilungshöfen*[38] bei unbestimmten Rechtsbegriffen[39]). So sind z. B. die Begriffe Gesundheits- und Unfallgefahren (in § 7 ArbStättVO oder in §§ 618 BGB, 62 HGB, 120 a GewO) unbestimmte Rechtsbegriffe mit großen Beurteilungshöfen, für deren richtige Beurteilung der ArbGeb aber die alleinige, ungeteilte Verantwortung trägt.

Schließlich besteht das MBR auch nur bei abstrakten (normativen) „Regelungen“, nicht aber bei *Einzelmaßnahmen* des ArbGeb. Das muß näher ausgeführt werden.

V. „Regelungen“ zur Normkonkretisierung

1. Regelungen und Einzelmaßnahmen

Der Begriff Regelung in § 87 Nr. 7 wird in der Kommentarliteratur teilweise unklar, mißverständlich und gar unrichtig dargestellt. Das richtige Verständnis ergibt sich aus dem historischen Streit darüber, ob das MBR des BR in sozialen Angelegenheiten allein die Aufstellung von Regeln (eine Regelung) zur Gestaltung der betrieblichen Ordnung durch Betriebssatzung zum Gegenstand hat oder dem BR auch ein MBR bei Einzelmaßnahmen des ArbGeb gewährt[40]. Auf der Grundlage der Entstehungsgeschichte des BetrVG 1952 hatte *Dietz* bis zur 4. Auflage seines Kommentars die Auffassung vertreten, daß der Gesetzgeber dem BR in sozialen Angelegenheiten lediglich eine gleichberechtigte Beteiligung (echtes MBR) bei *normativen Regelungen* (Arbeitsordnungen, Betriebsordnungen) eingeräumt hat, nicht aber bei Einzelmaßnahmen. Eine Beteiligung bei Einzelmaßnahmen sei eine Beteiligung an der *Leitung des Betriebs*, die dem BR nur im Bereich der personellen Angelegenheiten (Einstellung, Versetzung, Umgruppierung, Kündigung) und eingeschränkt in wirtschaftlichen Angelegenheiten eingeräumt worden sei[41].

Die mit dem begrifflichen Gegensatz (normative) *Regelungen — Einzelmaßnahme* angesprochene Streitfrage zum BetrVG 1952 ist nicht identisch mit der anderen Streitfrage, ob dem BR in sozialen Angelegenheiten ein MBR bei der Ausgestaltung individuell bestimmter ein-

---

[38] Vgl. *Bachof*, JZ 1955, S. 97 ff.; *Breuer*, AöR 101 (1976), S. 72 f.

[39] *GK-Wiese*, § 87 Rdnr. 110 c; *Glaubitz*, BB 1977, 1405; allgemein dazu *Ehmann*, Betriebsrisikolehre, S. 47, 70 f.; ebenso *BAG* EzA Nr. 7, 8, 9 zu § 615 BGB Betriebsrisiko.

[40] Vgl. statt aller *Dietz*, § 56 Rdnr. 7 ff.; *Dietz / Richardi*, § 87 Rdnr. 19 ff.

[41] *Dietz*, § 56 Rdnr. 10.

zelner Arbeitsverhältnisse oder nur bei „kollektiven Tatbeständen“ („Kollektivmaßnahmen“) eingeräumt ist[42]. Die beiden Streitfragen berühren und überschneiden sich zwar, decken sich aber nicht vollständig und müssen insoweit getrennt werden[43].

In der prinzipiellen Streitfrage (normative Regelung — Einzelmaßnahme) ist schon unter der Geltung des BetrVG 1952 die Meinung herrschend geworden, daß dem BR auch bei Einzelmaßnahmen — jedenfalls soweit *„kollektive Tatbestände“* gegeben sind — ein MBR in sozialen Angelegenheiten zustehen kann. Das *BAG*[44] hat sich dieser Meinung mit der Begründung angeschlossen, die Formulierung des Regierungsentwurfs (1952) („Regelung durch Betriebssatzung“) sei nicht Gesetz geworden. Das Gesetz spreche weder von Betriebsvereinbarung noch von Betriebssatzung, noch auch davon, daß *Angelegenheiten zu regeln* seien; es gebe daher keinen Anhalt für die Ansicht, die MB in sozialen Angelegenheiten erfolge nur durch eine allgemeine Regeln enthaltende Betriebsvereinbarung. Ob sich die zwischen ArbGeb und BR erforderliche Einigung auf eine „allgemeine Regelung“ oder eine sogenannte „Einzelmaßnahme“ zu erstrecken habe, entscheide sich ausschließlich danach, in welchen der in § 56 Abs. 1 BetrVG genannten Angelegenheiten das MBR gewährt wird:

„So heißt es in § 56 Abs. 1 g) BetrVG, der BR habe bei der *Regelung* von Akkord- und Stücklohnsätzen mitzubestimmen. Hier ist also eine Mitbestimmung in Einzelfällen *nicht* (Hervorh. v. Verf.) gegeben[45].“

Im Gesetzgebungsverfahren des BetrVG 1972 war — wie die verschiedenen Entwürfe und ihre Begründungen erkennen lassen[46] — die Streitfrage bekannt. Ein Blick in den Gesetz gewordenen Katalog des § 87 Abs. 1 zeigt, daß der Gesetzgeber die Streitfragen entsprechend der Ansicht des *BAG* differenzierend entschieden hat.

In einigen Fällen wird das MBR eindeutig auf Einzelmaßnahmen erstreckt: z. B. nach Nr. 5: bei der Festsetzung der zeitlichen Lage des Urlaubs für einzelne ArbN; ferner nach Nr. 9: bei der Zuweisung und Kündigung von Werkswohnungen.

In anderen Angelegenheiten erfaßt das MBR jedoch eindeutig nur „Regelungen“: z. B. Nr. 5: die Aufstellung allgemeiner Urlaubsgrund-

---

[42] Vgl. dazu neuerdings *BAG*, Urt. v. 18. 11. 1980, DB 1981, 946; grundlegend aber *Dietz*, § 56 Rdnr. 16 und dazu deutlich *BAGE* 3, 270 ff. unter Bezugnahme auf *Siebert / Hilger*, BB 1955, 670.

[43] Vgl. z. B. *Dietz / Richardi*, § 87 Rdnr. 23 ff.; *GK-Wiese*, § 87 Rdnr. 8 ff.

[44] *BAGE* 3, 207 ff. (211 f.) = AP Nr. 2 zu § 56 BetrVG 1952; dagegen *Dietz*, § 56 Rdnr. 11; vgl. ferner *BAG* AP Nr. 4 zu § 56 BetrVG 1952 Entlohnung.

[45] *BAGE* 3, 212.

[46] Vgl. die Nachweise bei *Dietz / Richardi*, § 87 Rdnr. 20.

sätze und des Urlaubsplans; Nr. 10: die Aufstellung von Entlohnungsgrundsätzen; Nr. 12: die Grundsätze über das betriebliche Vorschlagswesen; sowie ganz deutlich Nr. 7: *Regelungen* über die Verhütung von Arbeitsunfällen etc.[47].

Auch in der *Betriebsärzte-Entscheidung* vom 10. 4. 1979[48] (DB 1979, 1995 = AP Nr. 1 zu § 87 BetrVG 1972 Arbeitssicherheit) bleibt das *BAG* bei dieser Ansicht:

„Richtig ist, daß § 87 Abs. 1 Nr. 7 BetrVG nur kollektive Tatbestände (= „Regelungen") und nicht auch Einzelmaßnahmen erfaßt (Denck, ZfA 1976, 447 [453])."

Denck[49] unterscheidet allerdings nicht genau zwischen „normativen Regelungen" und „Maßnahmen", die einen „kollektiven Tatbestand" betreffen. Unklar ist auch die diesbezügliche Darstellung bei *Galperin / Löwisch*[50], wenn der Gegenstand der MB mit den Worten „Sachmaßnahmen" und „betrieblicher Sicherheitsorganisation" erfaßt wird und lediglich „personelle Einzelmaßnahmen" ausgeschlossen werden. Immerhin heißt es an anderer Stelle[51] des Kommentars:

„Soweit Raum für eine MB nach § 87 Abs. 1 Nr. 7 bleibt, kann er durch jede *abstrakte Regelung* ausgefüllt werden."

„Abstrakte Regelung", das ist nichts anderes als die normative Gestaltung der betrieblichen Ordnung durch Betriebsvereinbarung[52].

Ähnlich heißt es bei *Fitting / Auffarth / Kaiser*[53]:

„In Nr. 7 wird ein MBR des BR für „Regelungen", d. h. die Festsetzung von *Richtlinien* zur Verhütung von Arbeitsunfällen und Berufskrankheiten und zum Gesundheitsschutz insoweit eingeführt, als es um die Ausfüllung des Rahmens der gesetzlichen, öffentlich-rechtlichen Schutzvorschriften und der UVV der Berufsgenossenschaften geht."

An anderer Stelle desselben Kommentars[54] heißt es dagegen ohne weitere Begründung:

„Das MBR wird ausgeübt durch Abschluß von Betriebsvereinbarungen oder Herstellung des Einvernehmens über Einzelmaßnahmen."

Eindeutig und klar schreiben jedoch *Kammann / Hess / Schlochauer*[55]:

---

[47] Ebenso *Dietz / Richardi*, § 87 Rdnr. 20, 21; ähnlich *GK-Wiese*, § 87 Rdnr. 8 ff.; vgl. auch *Kammann / Hess / Schlochauer*, § 87 Rdnr. 8.

[48] AP Nr. 1 zu § 87 BetrVG 1972 Arbeitssicherheit = DB 1979, 1995.

[49] ZfA 1976, insbes. S. 458.

[50] § 87 Rdnr. 155, 160.

[51] § 87 Rdnr. 158.

[52] So jetzt auch deutlich *Hanau*, Anm. zu *BAG* AP Nr. 1 zu § 87 BetrVG 1972 Arbeitssicherheit, Bl. 6.

[53] § 87 Rdnr. 37.

[54] Vor § 89 Rdnr. 24.

[55] § 87 Rdnr. 129.

„Regelungen im Sinne dieser Bestimmung meint die Festlegung einer allgemeinen Ordnung für eine unbestimmte Anzahl von Fällen. Die Regelung hat also normativen Charakter. Hier ist z. B. an ein allgemeines Rauchverbot im Betrieb zu denken. Demgegenüber hat der Begriff Maßnahmen einen weitergehenden Inhalt. Er umfaßt z. B. auch die Anlage, Änderung, Ingangsetzung oder Außerbetriebnahme technischer Vorrichtungen. Der BR muß folglich nur dann eingeschaltet werden, wenn Bestimmungen über das Verhalten der ArbN erlassen werden sollen, nicht aber bei den vielen Arten von technischen Maßnahmen des Arbeitsschutzes."

Diese mit der Entstehungsgeschichte des Gesetzes, seinem Wortlaut und der Rechtsprechung des *BAG* in Einklang stehende Auffassung verdient auch im Ergebnis aus praktischen Gründen den Vorzug vor den teilweise unklaren und verdeckten Versuchen der Erweiterung des Mitbestimmungstatbestandes des § 87 Nr. 7.

2. Verantwortung des Arbeitgebers und Sicherheitsorganisation

Die Beschränkung des MBR aus § 87 Nr. 7 auf normative Regelungen ist Ausdruck des Prinzips, daß zwar der aus der Sachnähe erwachsene Erfahrungsschatz der Betriebsräte für den Arbeitsschutz aktiviert, aber zugleich die Verantwortung des ArbGeb für die Arbeitssicherheit nicht abgeschwächt und verlagert werden soll[56]. Es mag zweifelhaft sein, ob der Arbeitsschutz in den Betrieben zum Stillstand kommen würde[57], wenn der BR bei jeder eine Arbeitsschutzvorschrift berührenden Maßnahme ein MBR hätte; die Einrichtung und Änderung von Arbeitsplätzen und Arbeitsabläufen sowie darüber hinaus die Gestaltung und Leitung eines Betriebes würden jedenfalls „ungemein schwerfällig" und schwierig werden[58]. Der Grund dafür liegt ganz einfach in der Vielfältigkeit und viel beklagten Unübersichtlichkeit des Arbeitsschutzrechts. Weder die BR noch die ArbGeb — abgesehen vielleicht von einigen Großbetrieben mit eigens ausgebildeten und abgestellten Spezialisten — sind noch in der Lage, bei allen betrieblichen Maßnahmen, die jeweils einschlägigen gesetzlichen und sonstigen Arbeitsschutzvorschriften zu überblicken, geschweige denn in ihrem Regelungsgehalt sachgerecht zu erfassen[59]. Betriebsvereinbarungen zwischen ArbGeb und BR bieten daher auch wenig Gewähr dafür, daß die richtigen und hinreichenden Regelungen und/oder Maßnahmen zum Schutz vor Unfällen und Ge-

---

[56] So *Kliesch / Nöthlichs / Wagner*, § 1 Anm. 8.1.; ebenso *Denck*, ZfA 1976, 447 f.; *Galperin / Löwisch*, § 87 Rdnr. 153.

[57] Wie *Glaubitz* (BB 1977, 1405) befürchtet; zu ähnlichen Befürchtungen vgl. bereits *BAGE* 3, 213.

[58] Unbestritten ist, daß der ArbGeb bei *aktuellen Gefahren* sofort die erforderlichen Maßnahmen ohne Mitwirkung des BR treffen kann; so auch *Fitting / Auffarth / Kaiser*, vor § 89 Rdnr. 27.

[59] Vgl. *Denck*, ZfA 1976, 467 f.

sundheitsgefährdungen getroffen werden. Die sonstige betriebliche *Sicherheitsorganisation* (Sicherheitsbeauftragte und Sicherheitsausschuß gem. § 719 RVO; Fachkräfte für Arbeitssicherheit gem. § 5 Abs. 1 ASiG; Arbeitsausschuß gem. § 11 ASiG; Betriebsärzte gem. § 2 ASiG; nicht zuletzt auch der BR über seine Rechte aus § 89 BetrVG) dürfte in der Regel viel besser geeignet sein zur Gewährleistung des gebotenen und notwendigen Arbeitsschutzes[60]. In dieser speziellen Sicherheitsorganisation ist es möglich, daß sich einige wenige „Sicherheitsträger" in die jeweilige Problematik gezielt einarbeiten und fachkundig machen. Auf dieser Basis wird es den spezialisierten Vertretern des ArbGeb und des BR dann meist auch unschwer gelingen, in der Sache Einigkeit zu erzielen. Der Zwang zu einer formalen Betriebsvereinbarung trägt demgegenüber auf beiden Seiten eher hemmende Faktoren in den Einigungsprozeß hinein, weil der mangelnde Sachverstand auf beiden Seiten dann meist durch Vorurteile und „Linientreue" ersetzt wird. Das Feld des Arbeitsschutzes soll aber möglichst von Emotionen und den üblichen Interessengegensätzen von „Arbeit und Kapital" freigehalten bleiben. Und es kann auch freigehalten werden, weil letztlich in diesem Bereich kaum ein Interessengegensatz besteht. Zwar können Schutzmaßnahmen für den ArbGeb teuer werden, aber wenn sie notwendig und rechtlich geboten sind, können Arbeitsunfälle und beruflich bedingte Krankheiten der ArbN auch bei rein ökonomischer (kapitalistischer) Betrachtung noch viel teurer werden.

3. Eingriff in Leitungsfunktion?

Für eine Beschränkung des MBR aus § 87 Nr. 7 auf normative Regelungen spricht auch der Gedanke, daß ansonsten kaum zu entscheiden ist, welchen betrieblichen oder betriebsbezogenen Maßnahmen des ArbGeb der BR in welchem Zeitpunkt zuzustimmen hat.

Unterstellen wir einmal, daß der BR bei allen Maßnahmen mitzubestimmen hätte, in denen eine einen Regelungsspielraum enthaltende Rechtsnorm im Sinne des § 87 Nr. 7 zu beachten ist. Würde dieses MBR dann schon eingreifen, wenn der ArbGeb einen Kaufvertrag über Arbeitsmittel oder Arbeitsstoffe abschließt, die Arbeitsschutzvorschriften unterliegen, oder erst, wenn er die Arbeitsmittel oder Arbeitsstoffe in den Betrieb einbringt, oder erst, wenn sie Verwendung oder Anwendung finden oder in Betrieb gesetzt werden? Soweit die Arbeitsmittel als „technische Arbeitsmittel" dem Gerätesicherheitsgesetz unterliegen, enthebt — nach *Fitting / Auffarth / Kaiser*[61] —

---

[60] Vgl. *Denck*, ZfA 1976, 460 ff.; *Glaubitz*, BB 1976, 1405.
[61] Vor § 89 Rdnr. 40.

„das Gerätesicherheitsgesetz (GSG) als Instrumentarium des vorgreifenden Arbeitsschutzes den BR weitgehend der Sorge um die sicherheitstechnisch einwandfreie Beschaffenheit der Arbeitsmittel. Dies gilt insbesondere, wenn die Maschine mit Prüfzeichen nach § 3 Abs. 4 GSG einschließlich der Prüfbescheinigung versehen und die erforderliche Gebrauchsanweisung mitgeliefert ist“.

Damit ist zwar das Verhältnis zwischen dem sogenannten „vorgreifenden Arbeitsschutz“ des Gerätesicherheitsgesetzes und des MBR aus § 87 Nr. 7 nicht geklärt, aber doch die Meinung zum Ausdruck gebracht, daß der BR insoweit nichts mehr mitzubestimmen hat als die Sicherheit des technischen Arbeitsmittels nach Maßgabe des Gerätesicherheitsgesetzes von einer Prüfstelle festgestellt wurde[62].

Im vorliegenden Zusammenhang folgt aus dieser Regelungstechnik des sogenannten *vorgreifenden Arbeitsschutzes,* daß der Gedanke anerkannt wird, daß es nicht sinnvoll ist, den BR hinsichtlich der Frage des notwendigen Arbeitsschutzes in den Entscheidungsprozeß beim Erwerb oder der Inbetriebnahme neuer Arbeitsmittel einzuschalten. Ein derartiges MBR des BR würde auch zu weitgehend in die unternehmerische *Leitungsfunktion* eingreifen. Entsprechendes muß für die Einrichtung oder Änderung der Arbeitsstätten sowie der Organisation der Arbeitsabläufe gelten. Würde dem BR in diesem Bereich ein MBR bei allen eventuell den Arbeitsschutz berührenden Maßnahmen eingeräumt, so wäre die unternehmerische Leitungsverantwortung hinsichtlich der *arbeitsnotwendigen Organisation* weitgehend ausgehöhlt.

Auch vom Ergebnis her erweist sich somit die gesetzgeberische Entscheidung als sinnvoll, das MBR des BR aus § 87 Nr. 7 auf *normative Regelungen* zu beschränken.

4. Was sind normative Regelungen?

Was aber „normative (abstrakte) Regelungen“ und was bloße Regelungen „kollektiver Tatbestände“ sind, ist nicht ganz einfach zu entscheiden. Jeder konkreten Handlung, Maßnahme, Entscheidung, geht zumindest gedanklich das allgemeine Urteil, die allgemeine Erwägung voraus, unter bestimmten Voraussetzungen, in der bestimmten Weise zu handeln, zu entscheiden.

Nach § 13 ArbStättVO müssen z. B. Feuerlöscher „leicht zugänglich“ angebracht werden, was dem ArbGeb einen Regelungsspielraum eröffnet, an welcher Wand, rechts oder links, er das Gerät anbringen will. Nach § 7 Abs. 4 ArbStättVO muß z. B. eine Sicherheitsbeleuchtung mit einer Beleuchtungsstärke von mindestens 1 % der Allgemeinbeleuchtung, mindestens jedoch von einem *Lux* vorhanden sein, wenn, auf

---

[62] Vgl. dazu unten § 4 VI, 1.

Grund der Tätigkeit der ArbN, der vorhandenen Betriebseinrichtungen oder sonstiger besonderer betrieblicher Verhältnisse bei Ausfall der Allgemeinbeleuchtung Unfallgefahren zu befürchten sind. Diese *gesetzliche* „Unfallverhütungsvorschrift" wird konkretisiert durch Nr. 3 der Arbeitsstättenrichtlinie 7/4, die wie folgt lautet:

„In Räumen muß die Sicherheitsbeleuchtung so angebracht sein, daß sich die Arbeitnehmer sowohl am Arbeitsplatz als auch innerhalb des Raumes orientieren und diesen verlassen können. In Rettungswegen muß die Sicherheitsbeleuchtung so angebracht sein, daß die Fluchtrichtung erkennbar und eine Orientierung möglich ist."

Trotz dieser Konkretisierung von § 7 Abs. 4 ArbStättVO durch Nr. 3 der Arbeitsstättenrichtlinie bleibt zur Anbringung der Sicherheitsbeleuchtung für den ArbGeb ein Ermessensspielraum zur Entscheidung, wo und in welchem Abstand die Lampen angebracht werden.

Dem tatsächlichen Vollzug dieser und ähnlicher Maßnahmen, die wohl „kollektive Tatbestände" sind, weil sie dem Schutz aller oder vieler ArbN dienen, geht notwendigerweise stets irgendeine Entscheidung darüber voraus, wie die gesetzlichen Vorschriften oder Unfallverhütungsvorschriften im gegebenen Fall am zweckmäßigsten zu vollziehen sind. Dennoch sind dies keine abstrakten (normativen) „Regelungen" im Sinne des § 87 Nr. 7, sondern tatsächliche, normvollziehende Handlungen; die den tatsächlichen Handlungen vorhergehenden Willensentscheidungen sind bloße *Interna*.

Eine normative (abstrakte) Regelung ist dagegen die Aufstellung eines Flucht- und Rettungsplanes gem. § 55 ArbStättVO, weil hier die Arbeitsschutzvorschrift nicht durch eine Handlung, der lediglich als *Internum* eine allgemeine Regelung vorausgeht, sondern durch eine allgemeine und abstrakte *Regelung* vollzogen wird.

Regelungen im Sinne des § 87 Nr. 7 sind gleichfalls sogenannte *Alternativmaßnahmen*. Will der ArbGeb von gesetzlichen Sicherheitsvorschriften oder sonstigen Normen, die zur Gewährleistung des notwendigen Arbeitsschutzes einzuhalten sind, abweichen, so muß er Maßnahmen vorschlagen (Alternativmaßnahmen), welche die gleiche Sicherheit auf andere Weise gewährleisten (vgl. z. B. § 4 ArbStättVO; § 3 Abs. 1 S. 2 ASiG). Solche Alternativvorschläge sind Regelungen, weil sie nicht unmittelbar eine Norm vollziehen, sondern zunächst eine „Alternativnorm" aufstellen[63]. Die *Alternativvorschläge* bedürfen meist der Genehmigung der zuständigen Stellen (vgl. z. B. § 4 Abs. 1 ArbStättVO).

Es ist jedoch *nicht* Voraussetzung des Regelungsbegriffs und damit des MBR aus § 87 Nr. 7, daß die abstrakte (normative) Regelung eine

[63] Zutreffend *GK-Wiese*, § 87 Rdnr. 110 f.; *Fitting / Auffarth / Kaiser*, vor § 89 Rdnr. 31.

unmittelbare Verpflichtung für die ArbN, z. B. zum Tragen einer bestimmten Schutzkleidung (§ 45 Abs. 3 VBG 1) oder zu einem sonstigen Verhalten enthält[64]. Andererseits liegt aber noch keine „Regelung“ vor, wenn eine tatsächliche, normvollziehende Maßnahme „für mehrere Arbeitsplätze oder auch nur einen bestimmten Arbeitsplatz nach abstrakt-sachbezogenen Merkmalen“[65] von Bedeutung ist. Eine bloß tatsächliche Handlung („Sachmaßnahme“) ist auch dann, wenn sie eine Arbeitsschutzvorschrift mit Ermessensspielraum vollzieht und eine Mehrzahl von ArbN betrifft („kollektiver Tatbestand“) noch keine „Regelung“ im Sinne des § 87 Nr. 7. Die der Vollzugshandlung vorhergehende Entscheidung wird nur dann zur Regelung, wenn sie kein Internum bleibt, sondern nach außen hervortritt und eine rechtliche selbständige Bedeutung hat. Die „Regelung“ muß unmittelbar rechtliche Wirkung haben; eine „Sachmaßnahme“ mit bloß mittelbar faktischer Wirkung für ein Kollektiv von ArbN ist keine Regelung im Sinne des § 87 Nr. 7.

5. Betriebsärzteentscheidung des BAG

In der soweit ersichtlich bisher ersten und einzigen Entscheidung des *BAG* zu § 87 Nr. 7 (Betriebsärzte-Entscheidung vom 10. 4. 1979)[66] stand die Frage zur Beurteilung, ob die Entscheidung des ArbGeb für eine der drei Möglichkeiten der betriebsärztlichen Betreuung (Verpflichtung eines Betriebsarztes oder eines überbetrieblichen ärztlichen Dienstes oder Bestellung eines freiberuflich tätigen Arztes) eine „Regelung“ darstellt und der Mitbestimmung gem. § 87 Nr. 7 unterliegt. Daß die Maßnahme der *Verpflichtung* eines Betriebsarztes oder eines überbetrieblichen ärztlichen Dienstes oder der Bestellung eines freiberuflich tätigen Arztes unabhängig davon der Mitwirkung des BR gem. § 9 Abs. 3 ASiG unterliegt, war und ist unstreitig. Zu entscheiden war nur, ob die „Vorfrage“, d. h. die abstrakte Wahl zwischen den drei Möglichkeiten eine „Regelung“ darstellt und der Mitbestimmung nach § 87 Nr. 7 unterliegt. Das *LAG Schleswig-Holstein* als Vorinstanz hatte das MBR aus § 87 Nr. 7 verneint mit der Begründung, die Auswahl zwischen den drei Möglichkeiten sei bloß ein „innerer Vorgang“; auch könne die Entscheidung, welche Form der betriebsärztlichen Betreuung letztlich gewählt werden soll, nur im Hinblick auf konkrete Personen getroffen werden.

Ausgehend von der bereits zitierten[67] Erkenntnis, „daß § 87 Nr. 7 nur kollektive Tatbestände (= ‚Regelungen‘) und nicht auch Einzelmaß-

---

[64] So aber *Glaubitz*, BB 1977, 1405; dagegen *GK-Wiese*, § 87 Rdnr. 110 f.

[65] Vgl. *GK-Wiese*, § 87 Rdnr. 8; *Denck*, ZfA 1976, 453, 458.

[66] *BAG* AP Nr. 1 zu § 87 BetrVG 1972 Arbeitssicherheit.

[67] Oben § 4 nach Fn. 48.

nahmen erfaßt", hat der 1. Senat die Entscheidung des LAG aufgehoben und gegenteilig entschieden mit der Begründung, aus § 9 Abs. 3 ASiG ergebe sich nicht, daß die „Vorfrage", welche der drei Lösungen gewählt werden soll, der alleinigen Entscheidung des ArbGeb vorbehalten sei. Eine „abstrakte Entscheidung" für eine der drei Möglichkeiten könne durchaus sinnvoll sein:

„Bei der Wahl unter den drei Möglichkeiten, die das ASiG für die betriebsärztliche Betreuung läßt, geht es aber noch nicht um *Einzelmaßnahmen* (Hervorh. v. Verf.); das Gesetz enthält auch keine allgemeinen Kriterien für diese Auswahl. Für den einzelnen Betrieb — und damit auch und gerade für seine ArbN — kann es von großer Bedeutung sein, in welcher Form die betriebsärztliche Betreuung erfolgt. So kann z. B. durch die eine oder andere Form der betriebsärztlichen Versorgung eine intensivere Betreuung der ArbN sichergestellt sein. In der Festlegung der Art der betriebsärztlichen Versorgung liegt deshalb nach der Auffassung des Senats eine ‚Regelung' im Sinne von § 87 Abs. 1 Nr. 7 BetrVG (so auch: Sund, Arbeitsschutz 1977, 66; Spinnarke, BB 1976, 798 [799]; Denck, a. a. O., S. 464; LAG Hamm, Beschluß vom 16. 6. 1978 — 3 Ta BV 83/77 = EzA Nr. 1 zu § 87 BetrVG 1972 Arbeitssicherheit)."

Nur weil die „Vorfrage" der Auswahl unter den drei Möglichkeiten nicht bloß ein „innerer Vorgang" ist, sondern selbständige Bedeutung hat, ist sie vom *BAG* als „Regelung" angesehen worden[68]. Das bestätigt die vorstehend entwickelte Abgrenzung zwischen abstrakter (normativer) Regelung und bloß „kollektivem Tatbestand".

Indirekt bestätigt wird die vorstehende Auffassung auch durch den Vorschlag des *Bundesrates*[69], § 9 Abs. 3 ASiG wie folgt zu fassen:

„Die Bestellung, die Änderung der Bestellung und die Aufhebung der Bestellung der Werkärzte und der Fachkräfte für Arbeitssicherheit sind Regelungen im Sinne des § 87 Abs. 1 Nr. 7 BetrVG."

Die angeführten Einzelmaßnahmen (Bestellung etc.) sollten damit als „Regelungen" im Sinne des § 87 Nr. 7 *fingiert* werden.

Dieses Verständnis vom Begriff der „Regelung" in § 87 Nr. 7 entpflichtet den BR nicht von seiner Verantwortung für den Arbeitsschutz im Betrieb und schränkt auch im Ergebnis sein MBR kaum ein. Denn wenn der BR der Auffassung ist, eine vom ArbGeb *allein* getroffene, eine Arbeitsschutzvorschrift vollziehende Maßnahme genüge dem Gesetz nicht, bleibt es ihm unbenommen, über sein *Initiativrecht*[70] aus § 87 Nr. 7 eine andere Regelung mit Hilfe der Einigungsstelle durchzusetzen. Da

[68] Ähnlich jetzt auch *Hanau*, Anm. zu *BAG* AP Nr. 1 zu § 87 BetrVG 1972 Arbeitssicherheit, Bl. 6: „Entscheidungsprozeß in zwei Schritten."

[69] BT-Drucks. VI/3390, S. 17; vgl. dazu *Giese / Ibels / Rehkopf*, § 9 Rdnr. 6 und insbes. *Hanau*, Anm. zu *BAG* AP Nr. 1 zu § 87 BetrVG 1972 Arbeitssicherheit, Bl. 4 f.

[70] Vgl. statt aller *Wiese*, Initiativrecht, S. 53; *GK-Wiese*, § 87 Rdnr. 111 r.

der BR nicht in die Leitung des Betriebes eingreifen darf (§ 77 Abs. 1 S. 2), kann er die von ihm für richtig gehaltene Maßnahme nur über eine zuvor durch Betriebsvereinbarung getroffene „Regelung" erreichen, die der ArbGeb dann vollziehen muß (§ 77 Abs. 1 S. 1). Der BR muß dazu allerdings nachweisen, daß die zuvor vom ArbGeb getroffene Maßnahme den Ermessensspielraum der Arbeitsschutzvorschrift nicht sachgerecht ausfüllt und den notwendigen Schutz nicht gewährt.

VI. Sonstige typische Subsumtionsprobleme bei einschlägigen Schutzvorschriften

1. Gerätesicherheit: vorgreifender Arbeitsschutz

Die Bildschirmgeräte sind *technische (elektrische) Betriebsmittel* im Sinne von § 2 GSG in Verbindung mit § 1 NiederspannungsVO[71]. Sofern sie — wie bisher üblich — mit einer *Kathodenstrahlröhre* ausgestattet sind, sind sie auch *Störstrahler* im Sinne von § 5 RöV. Sie dürfen daher nur in den Verkehr gebracht werden, wenn sie nach Maßgabe dieser Gesetze, Verordnungen etc. von den zuständigen Stellen daraufhin überprüft worden sind, ob sie

„nach den allgemein anerkannten Regeln der Technik sowie den Arbeitsschutz- und Unfallverhütungsvorschriften so geschaffen sind, daß Benutzer oder Dritte bei ihrer bestimmungsgemäßen Verwendung gegen Gefahren aller Art für Leben und Gesundheit geschützt sind, wie es die Art der bestimmungsgemäßen Verwendung gestattet"[72].

Für die Bauartprüfung der Bildschirmgeräte nach der RöV ist die physikalisch-technische Bundesanstalt in Braunschweig (PTB) zuständig, die bisher in keinem einzigen Fall unzulässige Strahlungswerte feststellen konnte[73].

Sind die Geräte derart überprüft, in Ordnung befunden und mit dem Zeichen GS (= geprüfte Sicherheit) gem. § 3 Abs. 4 GSG versehen worden, so ist im Schutzbereich dieses Prüfungsverfahrens kein Regelungsspielraum für das MBR aus § 87 Nr. 7 mehr gegeben; das MBR ist dann durch § 87 Abs. 1 (Eingangssatz) ausgeschlossen (sog. vorgreifender Arbeitsschutz)[74].

2. Arbeitsstättensicherheit

Die Vielzahl der die Arbeitsstättensicherheit betreffenden Arbeitsschutzvorschriften kann hier im einzelnen weder angeführt noch gar

---

[71] Vom 11. 6. 1979, BGBl. I, S. 629; vgl. dazu *Meyer*, S. 121 ff.

[72] So § 2 Abs. 1 Satz 1 GSG.

[73] Vgl. *Radl*, Manuskript, S. 5 unter Bezugnahme auf *Wiesner / Höhnerhoff*, Grundsätze zur Arbeitsgestaltung und der Arbeit an Bildschirmarbeitsplätzen, Hannover (IG Chemie-Papier-Keramik).

[74] *Fitting / Auffarth / Kaiser*, vor § 89 Rdnr. 34, 40; *Meyer*, S. 68 ff., 124.

unter Berücksichtigung der typischen Sachverhalte kommentiert werden. Einige allgemeine Bemerkungen sollen genügen, um zu zeigen, wie im konkreten Falle auf Grund eines substantiierten Sachvortrags die Entscheidung gefunden werden kann. Zunächst ist zu sagen, daß nach allgemeiner Meinung der Autoren, die etwas vertieft auf dem Gebiet gearbeitet haben, für das MBR kaum noch ein Wirkungsbereich besteht[75]. Der Grund liegt in der immer weiter fortschreitenden Konkretisierung der gesetzlichen Vorschriften und Unfallverhütungsvorschriften durch Arbeitsstättenrichtlinien und weiter durch DIN- und sonstige Normen[76] sowie zusätzlich durch die Einzelanweisungen der technischen und Gewerbeaufsichtsbeamten (§ 712 RVO; 120 d oder f GewO)[77].

Der Spielraum für Mitbestimmungsrechte verengt sich weiter, wenn dem Gesetz gemäß nur die Vorschriften des Arbeitsstättenrechts als durch § 87 Nr. 7 erfaßt begriffen werden, die dem *Unfall- und Gesundheitsschutz* dienen[78]. Eine weitere Verengung tritt schließlich dadurch ein, daß nur bei abstrakten (normativen) „Regelungen", nicht bei Einzelmaßnahmen („Sachmaßnahmen") ein MBR anerkannt werden darf[79].

Die Beleuchtung der Arbeitsstätte ist — um das Beispiel nochmals herauszugreifen — gem. § 7 ArbStättVO zu gestalten. Diese Vorschrift ist durch mehrere Arbeitsstättenrichtlinien (ASR) konkretisiert, worin die notwendigen Sichtverbindungen nach außen (ASR 7/1), die erforderliche künstliche Beleuchtung (ASR 7/3) und auch die notwendige Sicherheitsbeleuchtung (ASR 7/4) detailliert vorgeschrieben werden. Diese Sicherheitsregeln verweisen weiter auf eine Vielzahl von DIN- und VDE-Normen. Ein MBR nach § 87 Nr. 7 kommt erst in Betracht, wenn über die angeführten und andere bereits vorhandene Richtlinien, DIN- und VDE-Normen hinaus, eine *allgemeine und abstrakte Regelung* der Beleuchtungsverhältnisse zur „Verhütung von Arbeitsunfällen und Berufskrankheiten sowie über den Gesundheitsschutz" (§ 87 Nr. 7) *notwendig* ist. Es ist weder notwendig noch sinnvoll, daß in einer Betriebsvereinbarung bereits geltende Vorschriften abgeschrieben werden[80].

Darüber hinaus ist gerade das Problem der richtigen, blendfreien Beleuchtung der BAP von der Arbeitswissenschaft sorgfältig untersucht

---

[75] So *Denck*, ZfA 1976, 468 ff. (471); ebenso *Galperin / Löwisch*, § 87 Rdnr. 156; *Fitting / Auffarth / Kaiser*, vor § 87 Rdnr. 39; *GK-Wiese*, § 87 Rdnr. 110 f.

[76] Vgl. § 4 Fn. 75.

[77] *Fitting / Auffarth / Kaiser* vor § 89 Rdnr. 30; *GK-Wiese*, § 87 Rdnr. 110 f.

[78] Vgl. oben § 4 III.

[79] Vgl. oben § 4 V.

[80] Zutreffend *Fitting / Auffarth / Kaiser*, vor § 89 Rdnr. 43; was im Spruch der *Einigungsstelle Ortmann & Herbst* (E.verz. Nr. 61), Regelung 2.1. und 2.2. und auch im Spruch der *Einigungsstelle Ruhrchemie* (E.verz. Nr. 62, Regelung § 3) teilweise unbeachtet blieb.

worden[81]. Die Forschungsergebnisse dieser Untersuchungen haben in den Sicherheitsregeln des Hauptverbandes der Berufsgenossenschaften Nr. 4.10. ff. ihren Niederschlag gefunden. Diese sind zwar weder gesetzliche Vorschriften noch Unfallverhütungsvorschriften, sie können nicht einmal ohne weiteres als „gesicherte arbeitswissenschaftliche Erkenntnisse" im Sinne der §§ 90, 91 BetrVG anerkannt werden[82]. Hält sich der ArbGeb jedoch bei der Errichtung von BAP betreffend der Beleuchtung an die Arbeitsstättenrichtlinien 7/1—4, die in bezug genommenen DIN- und VDE-Normen sowie auch an die Sicherheitsregeln 4.10. ff., so spricht die Vermutung dafür, daß keine das MBR aus § 91 auslösende „besondere Belastung" und erst recht keine Unfall- und Gesundheitsgefahren auftreten können. Erst wenn derartige Gefahren auftreten würden und der ArbGeb sich weigern würde, Abhilfemaßnahmen zu treffen, könnte der BR über § 87 Nr. 7 i. V. mit §§ 618 BGB, 62 HGB, 120 a GewO, 3 und 7 ArbStättVO „Regelungen" verlangen, deren Durchführung (§ 77 Abs. 1 BetrVG) diese Gefahren verhüten sollen.

Ist der ArbGeb aber bereit, die BAP nach den geltenden Vorschriften und arbeitswissenschaftlichen Erkenntnissen einzurichten, und im Falle von Gesundheits- und Unfallgefahren trotz Einhaltung der bekannten Vorschriften und Erkenntnisse weiter bereit, das Erforderliche und Mögliche zu tun, so besteht weder ein Bedürfnis für eine Betriebsvereinbarung entsprechenden Inhalts noch besteht ein Rechtsschutzbedürfnis für ein Beschlußverfahren oder für ein Verfahren gem. § 98 ArbGG zur Bestellung des Vorsitzenden einer Einigungsstelle[83].

3. Generalklauseln

Schließlich bleibt zu prüfen, ob die Regelungsverlangen der Musterbetriebsvereinbarungen auf der Grundlage der Generalklauseln der §§ 618 BGB, 62 HGB, 120 a Abs. 1 GewO, 3 ArbStättVO und 2 VGB 1 in Verbindung mit § 87 Nr. 7 gerechtfertigt werden können.

a) Die Auffassung des LAG Düsseldorf

Das *LAG Düsseldorf* verneint in seinem Beschluß vom 27. 5. 1980[84], daß die genannten Generalklauseln Arbeitsschutzvorschriften im Sinne von § 87 Nr. 7 sind und begründet dies im wesentlichen wie folgt:

---

[81] Vgl. *Krueger / Müller-Limmroth*, S. 8 ff.; *Radl*, Manuskript, S. 3 f.; *Cakir / Schmude / Reuter / Armbruster*, Anpassung von Bildschirmarbeitsplätzen an die physische und psychische Funktionsweise des Menschen, Forschungsprojekt im Auftrag des BM f. Arbeit u. Sozialordnung; die Ergebnisse des Gutachtens von *Cakir* u. a. sind wiedergegeben in den Handlungsanleitungen der BAU über Bildschirmarbeitsplätze; neuestens auch *Krueger*, S. 55 ff.

[82] Vgl. § 3 II, 5 c, bb.

[83] Vgl. *BAG* AP Nr. 1 zu § 87 BetrVG 1972 Arbeitssicherheit, Bl. 3 R; un-

Bestimmungen wie § 120 a GewO würden nur „allgemeine Postulate" enthalten, mit denen sich ein MBR des BR fast stets begründen lasse, wodurch keine Rahmenausfüllung, sondern eine Kompetenz zur eigenständigen umfassenden Regelung gegeben sei; nur durch eine Verneinung der Schutzvorschrifteneigenschaft der Generalklauseln sei garantiert, daß § 87 Nr. 7 nicht entgegen § 91 ein allgemeines, nicht an die dortigen engen Voraussetzungen geknüpftes MBR begründet. Für die §§ 3 ArbStättVO, 2 VBG 1 gelte Entsprechendes.

Im praktischen Ergebnis erscheint die Auffassung des *LAG Düsseldorf* vernünftig[84a], weil im allgemeinen in den Betrieben durch Betriebsvereinbarungen nicht Regelungswerke des Arbeitsschutzrechts erstellt werden können, zu denen die dafür eingerichtete staatliche Apparatur und die Berufsgenossenschaften nicht imstande sind. In Einzelfällen, in denen in einem Spezialbetrieb besondere, sonst nirgends oder selten auftretende Gefahren zu beherrschen sind, können betriebliche Regelungen dagegen unverzichtbar sein. Juristisch ist daher eine differenzierte Betrachtung der einzelnen Generalklauseln erforderlich.

b) § 3 Arbeitsstättenverordnung

Nach § 3 ArbStättVO hat der ArbGeb die Arbeitsstätte nach den Vorschriften der ArbStättVO, den sonst geltenden Arbeitsschutz- und Unfallverhütungsvorschriften und nach den allgemein anerkannten sicherheitstechnischen, arbeitsmedizinischen und hygienischen Regeln sowie den sonstigen gesicherten arbeitswissenschaftlichen Erkenntnissen einzurichten und zu betreiben.

Diese Vorschrift kann keine (zusätzlichen) Räume für ein MBR nach § 87 Nr. 7 eröffnen. Soweit sie den ArbGeb verpflichtet, die Vorschriften der ArbStättVO und die „sonst geltenden (gesetzlichen) Arbeitsschutz- und Unfallverhütungsvorschriften" einzuhalten, bleibt es beim MBR des BR, welches jene Vorschriften eventuell eröffnen. Soweit jedoch § 3 ArbStättVO den ArbGeb mit einer „dynamisch-normergänzenden Verweisung" verpflichtet, die Arbeitsstätte nach den sonstigen gesicherten arbeitswissenschaftlichen Erkenntnissen einzurichten und zu betreiben, kann das MBR aus § 87 Nr. 7 nicht eingreifen, weil dieses nur zur Ausfüllung des Rahmens *gesetzlicher* Vorschriften oder *Unfallverhütungsvorschriften* gegeben ist. Etwas anderes könnte allenfalls (mit Bedenken) noch gelten, wenn § 3 ArbStättVO eine „normkonkretisierende

---

richtig dagegen *LAG Berlin* (E.verz. Nr. 45), S. 39 u. 58; vgl. ferner unten § 6, auch oben § 1 IV a. E.

[84] DB 1981, 379.

[84a] Ebenso jetzt auch *LAG Baden-Württemberg*, E.verz. Nr. 44, S. 15 und (für alle angeführten Generalklauseln) *LAG Berlin*, E.verz. Nr. 45, S. 36 f.; dagegen jedoch *Einigungsstelle Ruhrchemie*, E.verz. Nr. 62, S. 16 f.; *Einigungsstelle Ortmann & Herbst*, E.verz. Nr. 61, S. 11 f.

Verweisung"[85] auf die gesicherten arbeitswissenschaftlichen Erkenntnisse enthielte; dann nämlich könnte die gesetzliche Vorschrift, die durch das MBR aus § 87 Nr. 7 zu konkretisieren ist, in § 3 ArbStättVO selbst gesehen werden. Im Bereich der normergänzenden Verweisung hat § 3 ArbStättVO aber gar keinen eigenen Inhalt und das MBR wäre daher — wie das *LAG Düsseldorf* im Ergebnis richtig erkannte — unter Wegfall der sonstigen Voraussetzungen des § 91 zur Ausfüllung des Rahmens arbeitswissenschaftlicher Erkenntnisse gegeben[86].

c) § 2 Allgemeine Unfallverhütungsvorschriften (VBG 1)

Nach § 2 VBG 1 hat der Unternehmer zur Verhütung von Arbeitsunfällen Einrichtungen, Anordnungen und Maßnahmen zu treffen, die den Bestimmungen dieser Unfallverhütungsvorschrift und den für ihn sonst geltenden Unfallverhütungsvorschriften und im übrigen den allgemein anerkannten sicherheitstechnischen und arbeitsmedizinischen Regeln entsprechen.

Diese § 3 ArbStättVO nachgebildete Vorschrift kann aus den entsprechenden Gründen, die zu § 3 ArbStättVO ausgeführt wurden, kein zusätzliches MBR des BR aus § 87 Nr. 7 auslösen.

d) §§ 618 BGB, 62 HGB, 120 a Abs. 1 GewO

aa) Schuldrechtliche Pflichten

Nach §§ 618 BGB, 62 HGB und 120 a Abs. 1 GewO hat der Unternehmer den Betrieb so zu gestalten, daß die ArbN gegen Gefahren für Leben und Gesundheit soweit geschützt sind, wie es die Natur des Betriebs gestattet.

Entgegen den §§ 3 ArbStättVO, 2 VBG 1 enthalten die genannten privatrechtlichen Generalklauseln einen eigenen Norminhalt, indem sie den ArbGeb den ArbN gegenüber verpflichten, *Gesundheits- und Unfallgefahren* zu vermeiden, soweit es die Natur des Betriebs gestattet. Obwohl der gedankliche Ausgangspunkt des *LAG Düsseldorf*[87] anzuerkennen ist, daß der Unfall- und Gesundheitsschutz heute zunächst Sache des Gesetz- und Verordnungsgebers und der Berufsgenossenschaften ist, können die Verpflichtungen des ArbGeb aus den §§ 618 BGB, 62 HGB, 120 a Abs. 1 GewO nicht als „allgemeine Postulate" qualifiziert werden, sie sind echte *schuldrechtliche Nebenpflichten*[88] des ArbGeb, die freilich

---

[85] Zum Begriff vgl. *Marburger*, S. 379 ff.

[86] Ohne Begründung anders *Fitting / Auffarth / Kaiser*, vor § 89 Rdnr. 39.

[87] DB 1981, 379.

[88] Unentwickelte Schutzansprüche im Sinne von *Kreß*, ASchuR, S. 578 ff.; BSchuR, S. 179 f.

in konkretisierungsbedürftigen, unbestimmten Rechtsbegriffen normiert sind.

bb) Konkrete Gefahr

Die vom *LAG Düsseldorf* befürchtete mißbräuchliche Ausnutzung des MBR aus § 87 Nr. 7 i. V. mit den §§ 618 BGB, 62 HGB, 120 a Abs. 1 GewO muß aber schon *de lege lata* in der Regel daran scheitern, daß nur eine *konkrete Gefahr* den Gefahrbegriff dieser Generalklauseln erfüllt[88a]. Die Gefahren, vor denen der ArbGeb seine ArbN gemäß diesen Vorschriften schützen muß, sind solche, die den einzelnen ArbN in diesem Betrieb mit erhöhter Wahrscheinlichkeit drohen. Die privatrechtlichen Generalklauseln verbieten nicht wie die „abstrakten Gefährdungstatbestände" des öffentlich-rechtlichen Arbeitsschutzes bestimmte, *generell* gefährliche Handlungen und Einrichtungen (Handlungsgefahren), sondern verlangen nur, daß *konkrete Gefahren* im Ergebnis möglichst vermieden werden; die Generalklauseln sind quasi „konkrete Gefährdungstatbestände". In der zivilrechtlichen Praxis konnten sie darum in der Regel auch nur als „Nebenpflichten" Bedeutung erlangen, deren schuldhafte Verletzung im Falle der Verwirklichung der Gefahr, d. h. im Falle des Eintritts eines Schadens Schadensersatzansprüche begründet[89]. Für generelle Regelungen zur Vorbeugung von entfernten (abstrakten) Gefahren fehlt dem BR in der Regel die Erfahrung, so daß insoweit auch die „Sachnähe" eine Regelungskompetenz über § 87 Nr. 7 nicht mehr rechtfertigen kann.

cc) Interessenabwägung

Ebenso wie nach § 91 zur Bestimmung dessen, was nach „gesicherten arbeitswissenschaftlichen Erkenntnissen" als „besondere Belastung" anzusehen und welche Maßnahmen zu ihrer Beseitigung als angemessen erscheinen, in eine *Interessenabwägung* einzutreten ist, muß dies nach § 87 Nr. 7 in Verbindung mit § 618 BGB, 62 HGB, 120 a Abs. 1 GewO geschehen zur Bestimmung des Maßes der Wahrscheinlichkeit der Gefahr, die nicht mehr hingenommen werden kann, und der Maßnahmen, die zu ihrer Beseitigung und Verringerung erforderlich sind. Die Gefahren sind nur insoweit zu beseitigen, „wie die Natur des Betriebs es ge-

---

[88a] Den von den *Einigungsstellen Ortmann & Herbst* (E.verz. Nr. 61) und *Ruhrchemie AG* (E.verz. Nr. 62) praktizierten Mißbrauch (vgl. unten § 3 IV 2 c und d) habe ich mir allerdings, als ich die Zeilen des Textes schrieb, nicht vorstellen können. Vgl. auch § 3 Fn. 51; § 4 Fn. 15 u. 20.

[89] Das war jedenfalls die ursprüngliche ratio legis der §§ 120 a GewO, 62 HGB, 618 BGB, die freilich durch den Haftungsausschluß der §§ 636, 637 RVO (früher: §§ 898, 899 RVO) praktisch ihren Sinn verloren hat; die wesentlichste individualrechtliche Sanktion der gen. §§ dürfte heute in der Rechtsgrundlage eines Zurückbehaltungsrechts der ArbN hinsichtlich ihrer Arbeitsleistung bestehen.

stattet". Die von *Däubler*[90] gegen die Einschränkung des Arbeitsschutz- und Mitbestimmungsrechts aus der „Natur des Betriebs" vorgetragenen Bedenken sind nicht gerechtfertigt. Die Utopie des Gesundheitsbegriffs der Weltgesundheitsorganisation ist — wie bereits oben[91] zu § 91 ausgeführt wurde — auch über § 87 Nr. 7 in Verbindung mit § 120 a Abs. 1 GewO nicht zu erreichen.

Das bedeutet, daß der BR bei der Einrichtung von BAP über § 87 Nr. 7 z. B. die Verkürzung der Arbeitszeit auf vier Stunden täglich, Pausen nach jeder Stunde, Misch- und Mehrstellenarbeitsplätze etc. nur verlangen kann, wenn und soweit die behaupteten psycho-physischen Belastungen als *echte* Gesundheitsgefahren[92] drohen und zu ihrer Vermeidung derartige Maßnahmen angemessen und geboten erscheinen, was in der Regel (Tatfrage) nicht der Fall sein dürfte.

dd) Exkurs: § 120 a Abs. 4 GewO

Nach *Fitting / Auffarth / Kaiser*[93] soll

> „das Schwergewicht der Tätigkeit des BR auf dem Bereich der gefahrensicheren Organisation der Arbeitsabläufe liegen, d. h. auf der Ausfüllung des in § 120 a Abs. 4 GewO vorgezeichneten Rahmens, der sich der spezialisierenden, öffentlich-rechtlichen Regelung wegen der Unterschiedlichkeit der Betriebsstrukturen weitgehend entzieht".

Auf der Grundlage dieser Auffassung zählen *Fitting / Auffarth / Kaiser*[94] eine ganze Fülle von Maßnahmen auf, in denen der BR gem. § 87 Nr. 7 in Verbindung mit § 120 a Abs. 4 GewO mitzubestimmen habe:

> Rauch- und Alkoholverbote; Brandschutzübungen; Signalgebung; Regelungen zur Vermeidung von Fehlorganisation; Sicherung der Synchronisation; unbedenkliche Tempogestaltung; Koordination der Wege für Roh- und Hilfsstoffe, Werkzeuge, Halbzeuge und Endprodukte; Sicherung eines genügend in den Arbeitsablauf eingepaßten innerbetrieblichen Transportwesens; Abschaltungen bei Reparaturen; Ordnung und Sauberkeit auf Wegen und am Arbeitsplatz; Festlegung von Stapelhöhen; sicherheitsgemäße Anordnungen der Arbeitsplätze innerhalb des Arbeitsablaufs; ausreichender Informationsfluß innerhalb des Arbeitsablaufs; Verpflichtung der ArbN, Sicherheitsmängel am eigenen Arbeitsplatz unverzüglich zu melden; sofortiges Aufsuchen des Sanitäters nach einem Unfall; Sicherung der Fluchtwege etc.

---

[90] S. 107 f.

[91] Vgl. § 3 II, 3 a; ferner § 4 III, 1, insbes. § 4 Fn. 20.

[92] Im Sinne eines regelwidrigen Körper- und Geisteszustandes, der zur Arbeitsunfähigkeit führt oder Krankenpflege erforderlich macht; vgl. *Schaub*, § 98 II 3; demgegenüber definieren die Einigungsstellen *Ortmann & Herbst* (E.verz. Nr. 61) und *Ruhrchemie* (E.verz. Nr. 62) die Gesundheitsgefahr mit einem verfälschten Zitat zum Begriff „Arbeitsschutz" i. S. v. *Fitting / Auffarth / Kaiser* (vor § 89 Rdnr. 3); vgl. dazu oben § 3 IV, 2 c und d.

[93] Vor § 89 Rdnr. 42.

[94] Vor § 89 Rdnr. 44, 45.

Die Auffassung von *Fitting / Auffarth / Kaiser*, § 120 a Abs. 4 GewO könnte Rechtsgrundlage für derartige Regelungen sein, ist unhaltbar. § 120 a Abs. 4 GewO ist keine konkrete gesetzliche Schutzvorschrift im Sinne von § 87 Nr. 7, sondern ein obsolet gewordenes historisches Relikt[95], dessen Funktion ursprünglich dem Zweck des heutigen § 87 Nr. 7 in etwa entsprach. § 120 a GewO kam zusammen mit den §§ 134 a—h GewO durch die Novelle vom 1. Juni 1891 in die GewO und verpflichtete den Gewerbeunternehmer kraft seines (einseitigen) Direktionsrechts „Fabrikordnungen" zu erlassen. Die Verpflichtung war durch verwaltungs- und strafrechtlichen Zwang sanktioniert[96].

Schon durch das Inkrafttreten des Betriebsrätegesetzes 1920 wurde im Sinne des „Fabrikkonstitutionalismus" das einseitige Direktionsrecht in diesem Regelungsbereich weitgehend abgelöst, die Fabrik- oder Arbeitsordnungen bedurften der Zustimmung des BR, d. h. sie mußten grundsätzlich als Betriebsvereinbarungen erlassen werden (§§ 66 Ziff. 5, 75, 78 Ziff. 3, 80 BRG)[97]. Die Arbeitsordnungsvorschriften der GewO (mit Ausnahme von § 120 a Abs. 4 GewO) wurden durch § 69 Abs. 2 des Gesetzes zur Ordnung der nationalen Arbeit (AOG) vom 20. 1. 1934 außer Kraft gesetzt und durch die §§ 26 ff. AOG ersetzt. Die durch § 69 Abs. 2 AOG aufgehobenen Vorschriften der GewO wurden schließlich nach Aufhebung des AOG durch das Kontrollratsgesetz nicht wieder in Kraft gesetzt. § 120 a Abs. 4 GewO blieb — ohne daß erkennbar ist warum — von dieser Entwicklung formal zwar unberührt, hat jedoch durch die Entwicklung des Arbeitsschutz- und Betriebsverfassungsrechts seine materielle Funktion völlig verloren. Ohne Zustimmung des BR ist der ArbGeb — jedenfalls in Betrieben mit eingerichtetem BR — nicht mehr berechtigt, allgemeine Vorschriften zur Ordnung des Betriebs und des Verhaltens der ArbN zu erlassen. Darüberhinaus sind in freiwilligen Betriebsvereinbarungen gem. § 88 grundsätzlich alle derartigen Regelungen unbedenklich möglich. Generelle Regelungen zur Sicherung eines gefahrlosen Betriebs sind im Wege der obligatorischen Mitbestimmung jedoch nur in den Grenzen des § 87 Nr. 7, allenfalls noch auf der Grundlage des § 91 rechtlich zulässig. § 120 a Abs. 4 GewO kann dabei aber nicht als Schutzvorschrift im Sinne des § 87 Nr. 7 angesehen werden, weil § 120 a Abs. 4 GewO selbst stets nur eine Ermächtigungs- und zugleich Verpflichtungsvorschrift zum Erlaß genereller Regelungen („Fa-

[95] So im Ergebnis auch *Stahlhacke*, GewO, § 120 a Anm. V.

[96] Im Interesse der Erkennbarmachung und der staatlichen Beaufsichtigung der wichtigsten, notwendig einheitlichen Arbeitsbedingungen, vgl. *Flatow / Kahn-Freund*, BRG, § 75 Anm. II, S. 380.

[97] Vgl. *Flatow / Kahn-Freund*, BRG, § 75 Erl. 1, S. 377. § 120 a Abs. 4 GewO ist also nicht notwendig nur bei einseitiger Regelungsbefugnis des ArbGeb denkbar, wie *Stahlhacke*, GewO § 120 a Anm. V anzunehmen scheint.

brikordnungen") war, nicht aber eine materielle, weitgehend konkrete, wenn auch noch ausfüllungsfähige „Rahmenschutzvorschrift", die den ArbGeb zu *bestimmten* Schutzvorkehrungen verpflichtet. § 120 a Abs. 4 verpflichtet den Gewerbeunternehmer — entsprechend dem heutigen § 87 Nr. 7 — zur Aufstellung von generellen Regelungen, nicht zu Schutzvorkehrungen, und ist demnach obsolet geworden. Schutzvorschrift im Sinne des § 87 Nr. 7 ist also nur § 120 a Abs. 1 GewO; § 120 a Abs. 2 und 3 GewO sind ebenfalls weitestgehend, wenn nicht gar vollständig durch die Arbeitsstättenverordnung und andere neue Vorschriften des Arbeitsschutzrechts überholt.

VII. Exkurs: Arbeitssicherheitsgesetz

1. Regelungsverlangen

Ein MBR des BR nach *oder* auf der Grundlage (als Schutzgesetz) von § 9 Abs. 3 ASiG nach § 87 Nr. 7 wird im Zusammenhang mit der Einrichtung von BAP im Hinblick auf die bei ArbN mit Sehfehlern auftretenden Beschwerden und die deswegen notwendigen ärztlichen *Untersuchungen der Augen*[98] gefordert.

2. § 9 Abs. 3 ASiG als Schutzgesetz

Hätte nicht das *ArbG Düsseldorf*[99] die schier unglaubliche Behauptung aufgestellt und darauf seine Entscheidung gestützt, so würde man auf die Idee kaum kommen können, daß § 9 ASiG eine gesetzliche Schutzvorschrift im Sinne des § 87 Nr. 7 sein könnte[100].

§ 9 ASiG ist ein Mitbestimmungstatbestand, kein Arbeitsschutzgesetz[101]. Soweit § 9 Abs. 3 ASiG auf § 87 Nr. 7 verweist, ist damit gemeint, daß auch andere als die in § 9 Abs. 3 ASiG unmittelbar aufgezählten Maßnahmen, z. B. die Wahl zwischen den verschiedenen Möglichkeiten des ärztlichen Betreuungssystems[102] der Mitbestimmung des BR (aus § 87 Nr. 7) unterliegen sollen.

---

[98] Nach der Erläuterung der Sicherheitsregel 5.1. des Hauptverbandes der Berufsgenossenschaft eignet sich dafür ein „Sieb-Test", der auch von einem Nichtfacharzt durchgeführt werden kann (Tatfrage).

[99] Beschluß v. 2. 7. 1979 — 11 BV 11/79 — unveröffentlicht.

[100] Unklar auch *Denck*, ZfA 1976, 473.

[101] Vgl. *Giese / Ibels / Rehkopf*, § 9 Anm. 1 ff.; *Krebs*, § 9 Anm. 1.

[102] So *BAG* AP Nr. 1 zu § 87 BetrVG 1972 Arbeitssicherheit; dazu *Ehmann*, ZfA 1980, 740.

3. Aufgaben des Betriebsarztes — Bestimmung und Erweiterung

Nach § 9 Abs. 3 ASiG hat der BR bei der Erweiterung der Aufgaben des Betriebsarztes ein MBR, er soll dabei auch ein *Initiativrecht* haben[103]. Erweiterung der Aufgaben in diesem Sinne heißt aber nur: eine Erweiterung über den Katalog des § 3 ASiG hinaus[103a]. Nach § 3 Abs. 1 Nr. 2 ASiG haben die Betriebsärzte aber bereits die Aufgabe,

„den ArbGeb beim Arbeitsschutz und bei der Unfallverhütung in allen Fragen des Gesundheitsschutzes zu unterstützen. Sie haben insbesondere ... die ArbN zu untersuchen, arbeitsmedizinisch zu beurteilen und zu beraten sowie die Untersuchungsergebnisse zu erfassen und auszuwerten".

Nach § 3 Abs. 1 Nr. 3 lit c ASiG haben die Betriebsärzte

„die Durchführung des Arbeitsschutzes und der Unfallverhütung zu beobachten und im Zusammenhang damit Ursachen von *arbeitsbedingten Erkrankungen* (Hervorh. v. Verf.) zu untersuchen, die Untersuchungsergebnisse zu erfassen und auszuwerten und dem ArbGeb Maßnahmen zur Verhütung dieser Erkrankungen vorzuschlagen".

Nach den zitierten Vorschriften haben die Betriebsärzte die ArbN also nur zu untersuchen zur Erforschung der Ursachen *„arbeitsbedingter Erkrankungen"* und zur Unterstützung des ArbGeb in allen Fragen des Gesundheitsschutzes *„beim Arbeitsschutz und bei der Unfallverhütung"*. Die Frage ist also, ob die bei der Bildschirmarbeit bei ArbN mit *Sehfehlern*[104] auftretenden Augen- und Kopfschmerzen, die wie dargelegt nicht „arbeitsbedingt", sondern *anlagebedingt* sind, von der Aufgabenbeschreibung der zitierten Vorschriften erfaßt werden. Da der Katalog des § 3 ASiG (vgl. z. B. § 3 Abs. 1 Nr. 1 lit a) — anders als § 87 Nr. 7 — über den Gesundheits- und Unfallschutz kraft gesetzlicher Vorschriften und Unfallverhütungsvorschriften hinausgreift, muß man wohl annehmen, daß der *Betriebsarzt* gem. § 3 Abs. 1 Nr. 2 ASiG auch die Aufgabe hat, derartige Krankheiten zu untersuchen, die zwar nicht im wesentlichen arbeitsbedingt, aber doch bei der Arbeit auftreten und weitere gesundheitliche Beeinträchtigungen zur Folge haben können.

Wenn das richtig ist, so entsteht die Frage, was zu geschehen hat, wenn der Betriebsarzt die gebotene Untersuchung nicht vornimmt.

---

[103] Sehr str., vgl. *Fitting / Auffarth / Kaiser*, § 87 Rdnr. 40 m. w. Nachw.

[103a] Anders, aber wohl unrichtig, jetzt *LAG Berlin*, E.verz. Nr. 45, S. 38; ohne gesetzliche Grundlage auch § 7 des Spruches der *Einigungsstelle Ruhrchemie;* was § 87 Nr. 7 in Verb. mit § 9 Abs. 3 ASiG (E.verz. Nr. 62, S. 23) bedeuten soll, bleibt unklar. Ohne Rechtsgrundlage auch Nr. 4.1. des Spruchs der *Einigungsstelle Ortmann & Herbst* (E.verz. Nr. 61); vgl. oben im Text § 3 IV, 2.

[104] Vgl. oben § 3 III, 3 und § 4 III, 5.

Die Antwort ist einfach: der ArbGeb muß den Betriebsarzt kraft seines Direktionsrechts (§ 8 Abs. 2 ASiG) anweisen, die Augenuntersuchungen durchzuführen. Der Betriebsarzt ist nur hinsichtlich der Anwendung seiner medizinischen Fachkunde (hinsichtlich des „Wie") gem. § 8 Abs. 1 ASiG weisungsfrei; bei der Entscheidung, *ob* er eine Untersuchung überhaupt durchführen muß, könnte er weisungsfrei nur sein, wenn — etwa weil die Untersuchung gefährlich ist — die Eingehung dieser Gefahr durch die zu erwartenden Ergebnisse nach dem fachlichen Urteil des Betriebsarztes nicht zu rechtfertigen ist. Dieser Fall ist bei der harmlosen Augenuntersuchung (Sieb-Test)[105], die von der Arbeitsmedizin auch einhellig gefordert wird, sicher nicht gegeben. Weigert sich der Betriebsarzt dennoch, z. B. weil die Untersuchungen ihm zuviel Arbeit machen, so stehen dem ArbGeb bis zur Kündigung — unter Mitwirkung des BR gem. §§ 102 BetrVG, 9 Abs. 3 ASiG — die üblichen Sanktionen zur Verfügung. Will der Betriebsarzt die Untersuchung der Augen gem. § 3 Abs. 1 Nr. 2 ASiG durchführen und lehnt der ArbGeb dies ab, so ist gem. § 8 Abs. 3 ASiG zu verfahren: Der ArbGeb muß dem BR eine Abschrift seiner Ablehnung des Vorschlags des Betriebsarztes zuleiten[106].

4. Rechte des Betriebsrates

Wie oben[107] festgestellt wurde, ist der ArbGeb — auch dann, wenn die Augenbeschwerden *anlagebedingt* sind — auf Grund seiner Fürsorgepflicht gehalten, den ArbN an BAP zu empfehlen, ihre Augen auf eventuell bestehende Fehlsichtigkeit untersuchen zu lassen. Ist in dem Betrieb ein Betriebsarzt vorhanden, so ist es vernünftig und richtig, daß diese Untersuchungen durch den Betriebsarzt erfolgen. Die Verpflichtung des ArbGeb besteht den ArbN gegenüber, ist also von individualrechtlicher Art, so daß der BR die Wahrung dieser Rechte auch nicht über § 80 Abs. 1 Nr. 1 unterstützen kann[108].

Anders ist zu urteilen, wenn die Augenbeschwerden „arbeitsbedingte Erkrankungen" sind (z. B. wegen zu großer Oszillation der Kathodenstrahlröhre) oder die konkrete Gefahr von Arbeitsunfällen in sich birgt. Dann könnte der BR, wenn der ArbGeb sich weigert, kraft seines Initiativrechts über § 87 Nr. 7 in Verbindung mit §§ 618 BGB, 62 HGB, 120 a Abs. 1 GewO vom ArbGeb eine „Regelung" verlangen, wodurch diese gesundheitlichen Beschwerden abgestellt oder zumindest vermin-

---

[105] Vgl. Erl. zu Sicherheitsregel 5.1.

[106] *Krebs*, § 8 Anm. VI; *Giese / Ibels / Rehkopf*, § 8 Rdnr. 7, 8.

[107] Vgl. § 4 III, 5.

[108] *GK-Thiele*, § 80 Rdnr. 6; a. A. *Fitting / Auffarth / Kaiser*, § 80 Rdnr. 2 unter Berufung auf *BAG* AP Nr. 1 u. 3 zu § 80 BetrVG 1972, wodurch die Behauptung (Fürsorgepflicht) aber nicht begründet oder bestätigt wird.

dert werden können[109]. Diese Regelung könnte in einer Verpflichtung des ArbGeb bestehen, den Betriebsarzt anzuweisen und die ArbN anzuhalten, sich untersuchen und erforderlichenfalls eine Brille verschreiben zu lassen. Diese Regelung müßte der ArbGeb dann gem. § 77 Abs. 1 S. 1 durchführen. Solche Betriebsvereinbarungen verpflichten jedoch die ArbN nicht, sich von diesem oder jenem Arzt untersuchen zu lassen; die normative Kraft der Betriebsvereinbarungen scheitert am Persönlichkeitsrecht der ArbN[110].

Eine entsprechende „Regelung" könnte der BR — wenn die Gesundheitsgefährdung arbeitsbedingt wäre — auch dann verlangen, wenn im Betrieb kein Betriebsarzt angestellt ist. In solchem Falle würde sich die Verpflichtung des ArbGeb allerdings darauf beschränken, die ArbN anzuhalten, die Untersuchung durchführen zu lassen.

Im Ergebnis ist das MBR des BR hinsichtlich der Durchführung ärztlicher Untersuchungen grundsätzlich unabhängig davon, ob im Betrieb ein Betriebsarzt angestellt ist[111]. Der Unterschied besteht lediglich darin, daß, wenn es einen Betriebsarzt im Betrieb gibt, der ArbGeb durch Betriebsvereinbarung verpflichtet werden kann, dem *Betriebsarzt* die erforderlichen Weisungen zu erteilen. Das muß so sein, denn das MBR des BR in derartigen Fällen kann nicht davon abhängig sein, ob im Betrieb ein Betriebsarzt bestellt ist oder nicht.

VIII. Kostenregelung für Arbeitsschutzmaßnahmen

Die Kosten für Arbeitsschutzmaßnahmen sind grundsätzlich vom ArbGeb zu tragen, weil es seine Sache ist, einen ordnungsgemäß funktionierenden Betrieb zur Verfügung zu stellen[112]. Das gilt in der Regel auch für Schutzkleidung u. a., die der ArbGeb auf Grund gesetzlicher Vorschriften oder Unfallverhütungsvorschriften den ArbN zur Verfügung zu stellen hat. § 87 Nr. 7 enthält jedoch keine „Annexkompetenz"

---

[109] Vgl. oben § 4 V a. E. um Fn. 70.

[110] Zutreffend *Fitting / Auffarth / Kaiser*, vor § 89 Rdnr. 41.

[111] Dagegen meint *Denck* (ZfA 1976, 473), die Regelung des § 9 ASiG biete „dem fachkundigen BR die praktische Möglichkeit, seine Mitbestimmungskompetenz aus § 87 Abs. 1 Nr. 7 BetrVG auf dem bisher nahezu unberührten Gebiet des sachlichen Arbeitsschutzes zu aktivieren". Unklar sind auch die Bemerkungen von *Fitting / Auffarth / Kaiser* (vor § 89 Rdnr. 47) zu diesen Ausführungen von *Denck;* sie stehen wohl auch im Widerspruch zu den Ausführungen vor § 89 Rdnr. 41. Das *LAG Berlin* (Fn. 103a) bejaht auf Grund seines verfehlten Ausgangspunktes ein MBR des BR bei angestellten Ärzten und verneint es bei einem freiberuflichen Arzt; diese Differenzierung ist unhaltbar.

[112] *BAG* AP Nr. 17 zu § 618 BGB (mit zust. Anm. *Herschel*) = DB 1976, 827 = SAE 1977, 12 (mit Anm. *Sieg*); ferner *Glaubitz*, BB 1977, 1406; *Kammann / Hess / Schlochauer*, § 87 Rdnr. 130; *GK-Wiese*, § 87 Rdnr. 110 i.

zur Regelung derartiger Kostenfragen[113]. *Das BAG* hat die Frage auch nicht schlicht und uneingeschränkt „offengelassen", sondern eine Betriebsvereinbarung, welche die Kosten von Sicherheitsschuhen teilweise den ArbN auferlegte, wegen Verstoßes gegen das zwingende Recht der §§ 618, 619 BGB für unwirksam erklärt, jedenfalls dann, wenn der ArbGeb nach dem Arbeitsschutzrecht nicht bloß verpflichtet ist, dafür zu sorgen, daß die erforderliche Schutzkleidung vorhanden ist, sondern auf Grund dieser Vorschriften auch verpflichtet ist, sie für die ArbN zu bezahlen. Das bedeutet, daß eben keine Kompetenz der Betriebspartner besteht, die Kosten nach ihrem Willen durch Betriebsvereinbarungen zu verteilen, sondern es gilt uneingeschränkt der Vorrang des gesetzlichen Rechts gem. § 87 Abs. 1 Eingangssatz, der durch die Regelungen von Unfallverhütungsvorschriften erweitert wird.

[113] *Glaubitz,* BB 1977, 1406; *GK-Wiese,* § 87 Rdnr. 110 i; a. A. *Denck,* ZfA 1976, 458; *Galperin / Löwisch,* § 87 Rdnr. 159.

§5 Schutz vor technischen Überwachungen

I. Regelungsverlangen und Rechtsgrundlage

Ein MBR des BR bei der Einrichtung von BAP wird schließlich mit der Begründung gefordert, die an einen zentralen Rechner angeschlossenen Bildschirmterminals seien „technische Einrichtungen", die dazu *geeignet* seien, das Verhalten oder die Leistung der ArbN zu überwachen.

Nach § 87 Nr. 6 hat der BR ein MBR bei der Einführung und Anwendung von *technischen Einrichtungen*, die dazu *bestimmt* sind, das Verhalten und die Leistung der ArbN zu überwachen.

Mit dieser Vorschrift wird kein MBR gegeben bei jeglicher Kontrolle der Leistung und des Verhaltens der ArbN. Die Überwachung der Arbeitsleistung und des Arbeitsablaufs durch Vorgesetzte und sonstige Aufsichtspersonen ist nicht mitbestimmungspflichtig[1], derartige Kontrollrechte sind jedem Arbeitsvertrag immanent, denn der ArbGeb trägt (im Unterschied zum Werkvertrag) die Gefahren der erfolglosen Arbeit[2]. Vor dieser Gefahr kann er sich bei allem Vertrauen nur durch Kontrollen, notfalls durch Kündigungen schützen. Schon gar nicht wird dem BR durch § 87 Nr. 6 das Recht eingeräumt, die Einführung einer technischen Neuerung nach Willkür zu verhindern (dem technischen Fortschritt in den Arm zu fallen)[3], bloß weil diese eventuell auch dazu geeignet ist, die ArbN zu überwachen. Zweck der Vorschrift ist es vielmehr, den Schutz der Persönlichkeitsrechte der ArbN kollektivrechtlich zu verstärken[4]. Mit *technischen* Überwachungseinrichtungen soll möglichst nicht in das allgemeine Persönlichkeitsrecht der ArbN eingegriffen werden. Erscheint ein derartiger Eingriff aus betrieblichen Gründen (zur Überwachung von Maschinen, Schutz vor Kundendiebstählen,

---

[1] Vgl. *Schaub,* § 235 II, 6 m. w. N.; jetzt auch *BAG* v. 23. 1. 1979 — 1 ABR 101/76, DB 1981, 1144.

[2] *Kreß,* ASchuR, S. 196 f.

[3] Was das BAG in *BAGE* 9, 238 = AP Nr. 1 zu § 56 BetrVG 1952 Ordnung des Betriebs = DB 60, 669, 983 noch verhindern wollte. Vgl. auch *Schäcker,* BB 1961, 914; ferner *Peterek,* SAE 1976, 191 und das im Vorwort wiedergegebene Zitat aus der Regierungserklärung 1980.

[4] Grundlegend *Wiese,* ZfA 1971, 273 ff.; *GK-Wiese,* § 87 Rdnr. 103 a.

Rationalisierungsplanungen etc.) jedoch erforderlich, so soll der BR in die notwendige Interessenabwägung eingeschaltet werden zur Gewährleistung des möglichst schonendsten Eingriffs[5].

Die Frage, ob Bildschirmgeräte im Sinne der DIN-Norm 66233 (Entwurf) zur Überwachung des Verhaltens und der Leistung der ArbN und damit zur Verletzung der Persönlichkeitsrechte der ArbN bestimmt bzw. geeignet sind, läßt sich ohne nähere Bestimmung der Funktionsweise der Bildschirmgeräte weder mit *ja* noch mit *nein* beantworten. Denn die Möglichkeit von Überwachungsfunktionen ist nicht von der hard-ware (welche die Definition von DIN 66233 [Entwurf] allein in Betracht nimmt), sondern von der soft-ware abhängig[5a]. Das Fernsehgerät zu Hause ist sicherlich ein Bildschirmgerät im Sinne von DIN 66233 (Entwurf), aber — zum Nachteil vieler Mitbürger hinsichtlich der Einschaltdauer und der dadurch verursachten Augen-, Hirn- und Nervenbelastungen durch Nonsens aller Art (von Didi bis Dalli-Dalli) — ohne jede Kontrollfunktion.

In den von den Gewerkschaften bisher vertriebenen Musterbetriebsvereinbarungen[6] werden wohl aus diesem Grunde auch keine hinreichend konkreten Forderungen zum Schutze der Persönlichkeitsrechte der ArbN erhoben, sondern nur ganz abstrakt Mitbestimmungsrechte gefordert, ohne daß auch nur angedeutet wäre, was mit Hilfe dieser Mitbestimmungsrechte bestimmt werden soll. Gefordert wird: Mitbestimmung *an und für sich.*

Im sog. EDV-Konzept der IG Metall heißt es z. B. in § 4:

„Das System oder sonstige zusätzliche Geräte dürfen nur auf der Grundlage einer besonderen Vereinbarung zwischen BR und ArbGeb zur Leistungskontrolle und sonstigen Überwachung der ArbN verwendet werden. Jegliche anderweitige Überwachung der Arbeitsplätze, der Leistung des Einzelnen oder der Gruppe durch das System und / oder zusätzliche Geräte ist unzulässig."

Solches auf (abstrakte) Mitbestimmung gerichtetes Mitbestimmungsverlangen ist jedenfalls ungerechtfertigt, solange es nur auf die Behauptung gestützt wird, der ArbGeb beabsichtige die Einrichtung von BAP im Sinne der DIN-Norm 66233 (Entwurf), weil sich aus so definierter *hard-ware* keine Eignung zur Überwachung ergibt. Trägt der BR

---

[5] *GK-Wiese*, § 87 Rdnr. 108.

[5a] Einfach falsch ist die ohne Sachverständige getroffene Feststellung des *LAG Berlin* (E.verz. Nr. 45, S. 60 f.), die Geeignetheit zur Überwachung sei nach der Rechen- und Speicherkapazität der *hard-ware* zu bestimmen, auf die soft-ware komme es nicht an; diese Betrachtungsweise ermöglicht dem LAG aber die Einräumung eines MBR ohne jede Prüfung der konkreten Überwachungsmöglichkeiten des EDV-Systems der Pan American World Airways.

[6] Vgl. § 1 Fn. 8.

jedoch substantiiert Tatsachen vor, aus denen sich schlüssig ein MBR aus § 87 Nr. 6 ergibt und bestreitet der ArbGeb diese Tatsachen oder das darauf gegründete MBR, so kann der BR ein Beschlußverfahren zur Feststellung des MBR einleiten oder die Einigungsstelle anrufen und ein Verfahren gem. § 98 ArbGG zur Bestellung eines Vorsitzenden beantragen. Bestreitet der ArbGeb aber weder die Tatsachen, noch, daß diese ein MBR begründen, so muß der BR selbst sagen, *was* er auf Grund seines MBR im konkreten Fall bestimmen *will* (welche Leistung, welches Verhalten, welche Regelung) oder was er nicht will; erst wenn der ArbGeb dann dieses Regelungsverlangen des BR ablehnt, ist die Einrichtung einer Einigungsstelle gerechtfertigt.

Im Verfahren 16 TaBV 13/80 vor der 16. Kammer (Köln) des *LAG Düsseldorf*[7] zur Bestellung des Vorsitzenden einer Einigungsstelle gem. § 98 ArbGG hat der BR ein MBR u. a. aus § 87 Nr. 6 geltend gemacht, mit der (wenig substantiierten) Behauptung, die eingerichteten BAP seien geeignet, die Leistung und das Verhalten der ArbN zu überwachen, was der ArbGeb bestritt. Das *LAG* hat Beweis erhoben durch Einholung eines Sachverständigengutachtens zu den wie folgt formulierten Fragen,

> „ob die in der Niederlassung Köln der Firma E. installierten BAP von ihrer Einrichtung her gesehen, u. a. auch zur Überwachung des Verhaltens oder der Leistung von ArbN geeignet sind; bei der Untersuchung soll nicht darauf abgestellt werden, ob der ArbGeb dieses Ziel auch verfolgt und ob er durch die eventuelle Überwachung gewonnene Daten auch auswertet. Der Sachverständige soll sich allerdings auch dazu äußern, ob eine eventuelle Überwachungsmöglichkeit erst durch zusätzliche, anderweitige Anordnungen oder bestimmte Gestaltungen geschaffen werden kann".

Mit diesem Beweisbeschluß hat das Gericht sich zwar in der Streitfrage über das Tatbestandsmerkmal „bestimmt" der Ansicht des *BAG*[8] angeschlossen und dies in der späteren Entscheidung auch näher begründet. Die Kenntnis der *Rechtsfrage*, unter welchen Voraussetzungen ein Bildschirmgerät als zur technischen *Überwachung* von Leistung oder Verhalten der ArbN geeignet anzusehen ist, wird aber vorausgesetzt bzw. die Rechtsfrage dem Gutachter zur Entscheidung als *Tatfrage* überlassen. Entsprechendes gilt für die weitere *Rechtsfrage*, was als *„zusätzliche weitere Anordnung oder bestimmte Gestaltung"* angesehen werden kann. Diese Fragen sind aber nicht nur tatsächlich, sondern auch rechtlich so offen und juristisch so wenig geklärt, daß sie nicht dem Sachverständigen zur Klärung überlassen bleiben können.

---

[7] Teilweise abgedruckt in DB 1981, 379 f.

[8] Vgl. *BAG* AP Nr. 1—4 zu § 87 BetrVG 1972 Überwachung. Diese Entscheidungen werden in diesem § 5 künftig nur noch mit AP Nr. zitiert.

Die folgende Erörterung der Tatbestandsmerkmale des § 87 Nr. 6 und der Rechtsprechung hierzu kann die sowohl tatsächlich wie rechtlich offenen Fragen, ob der BR bei der Einrichtung von BAP ein MBR hat — wie schon gesagt — nicht entscheiden, sondern lediglich den Einstieg in den hermeneutischen Zirkel zur Entscheidung des konkreten Einzelfalls durch allgemeine und abstrakte Vorerörterungen der einzelnen Tatbestandsmerkmale erleichtern.

II. Technische Einrichtung zur Überwachung

Bevor untersucht werden kann, ob es zur Auslösung des MBR aus § 87 Nr. 6 erforderlich ist, daß die technische Einrichtung zur Überwachung (subjektiv vom ArbGeb) *bestimmt* ist oder es genügt, daß sie dazu objektiv *geeignet* ist, muß geklärt werden, unter welchen Voraussetzungen eine technische Einrichtung im Sinne dieses Mitbestimmungstatbestandes das Persönlichkeitsrecht der ArbN verletzen kann und folglich in diesem Sinne zur mitbestimmungspflichtigen technischen Überwachung geeignet ist. Denn ratio legis des § 87 Nr. 6 ist der Schutz der Persönlichkeitsrechte der ArbN vor technischen Überwachungen.

1. Das Wesen technischer Überwachung

Die Persönlichkeitsrechte der ArbN können „natürlich" auch durch „menschliche" Überwachungen verletzt werden. Vor derartigen Rechtsgutverletzungen gewährt aber § 87 Nr. 6 keinen Schutz. Nach § 87 Nr. 6 soll nicht jegliche Kontrolle von Leistung und Verhalten der ArbN mitbestimmungspflichtig[9] sein, sondern vielmehr nur „die unpersönliche, anonyme Verhaltens- und Leistungskontrolle mittels technischer Einrichtungen"[10].

a) Die Angst vor anonymer Überwachung

Die Angst vor dem Televisor des Großen Bruders im Sinne der von *Orwell* im Jahre 1949 für das Jahr 1984 projektierten totalen Überwachung ist letztlich das gesetzgeberische Motiv für die Regelung des § 87 Nr. 6. Die Begrenzung des Schutzzwecks des § 87 Nr. 6 auf *technische* Überwachungen erfordert eine möglichst klare Abgrenzung zwischen „menschlicher" (kollektivrechtlich nicht geschützter) und technischer (kollektivrechtlich geschützter) Überwachung. Das setzt eine Erfassung des Wesens (des Kerns) technischer Überwachung voraus.

Für die *technische* Überwachung (Kontrolle) ist zunächst charakteristisch, daß die *menschlicher* Überwachung gegenüber instinktiv gege-

[9] *BAG* DB 1981, 1144; vgl. ferner § 5 bei Fn. 5.

[10] So *BAG* AP Nr. 3, Bl. 1 R. mit Hinweis auf *Jahnke,* DB 1978, 1692.

benen oder angelernten Abwehrreaktionen der kontrollierten Person unterlaufen oder ausgeschaltet werden. Bei Überwachung durch Fernsehaugen (Televisoren) weiß der Mensch nie, ob er im Augenblick beobachtet wird oder nicht. Auf Dauer kann der so Beobachtete die Anstrengung des Beobachtetseins nicht aushalten und vergißt die Beobachtung, gibt sich unbeobachtet. Dadurch öffnet er durch Gesten, Bewegungen, Lächeln etc. Einblicke in seine Persönlichkeit (Seele), die er bewußt nicht freigeben würde. Außerdem erhält der Beobachtete bei solcher elektronischer Überwachung keine unmittelbare Antwort (feedback) von dem Beobachtenden als Reaktion auf das Beobachtete; so weiß er nie, ob der Beobachtende das an der Grenze des Zulässigen Beobachtete zu tolerieren bereit ist, er kann sich nicht einstellen auf die Beobachtung. Das erhält beim Beobachteten eine permanente Unruhe aufrecht, er sieht weder die Gleichgültigkeit noch die Güte, noch den Zorn im Blick des „Meisters" und bleibt sich daher stets unsicher, ob er sich richtig oder angemessen verhalten hat.

Ein weiteres klares Beispiel zur Erhellung des Wesens technischer Kontrollen bilden die *Lügendetektoren*. Nahezu jeder Mensch, der eine besser, der andere weniger gut, hat es gelernt, auf Fragen, deren wahrheitsgemäße Beantwortung für ihn unangenehm, peinlich oder nachteilig sein würde, so zu lügen, daß der Fragesteller es nicht merkt. Angeschlossen an einen Lügendetektor, der Pulsgeschwindigkeit, Atemrhythmus und Schweißabsonderung unmittelbar mißt und in Kurven aufzeichnet, ist dies einem Menschen kaum möglich, weil alle Beherrschung kaum ausreicht, die empfindlichen Meßvorrichtungen des Gerätes über eine gesteigerte Erregung bei bestimmten Fragen hinwegzutäuschen. Das Gerät durchbricht die Bewußtseins- und Beherrschungskontrolle des Menschen. Darum ist die Verwendung von Lügendetektoren sowohl im Strafprozeß[11] als auch bei „Ermittlungen" im Betrieb oder bei Einstellungsbefragungen unzulässig.

Mit Hilfe derartiger und anderer technischer Einrichtungen sind somit Überwachungen, Kontrollen, Beobachtungen beim Menschen möglich, die mit den bloßen Sinnesorganen des Menschen selbst grundsätzlich nicht möglich wären. Derartige „unmenschliche" Überwachungen empfindet der Mensch daher, weil er sich dagegen kaum oder gar nicht wehren kann, als Verletzung seiner Persönlichkeit.

Die Angst, zumindest das Schutzbedürfnis vor solchen technischen Überwachungen ist größer als die Furcht vor dem „Herrn und Meister" alter Art. Deutlich hat das auch *Hinz* in seiner Anmerkung zu BAG AP Nr. 2 zu § 87 BetrVG 1972 Überwachung zum Ausdruck gebracht:

---

[11] Gem. § 136 a StPO. Vgl. *BGHSt* 5, 332 ff., dazu *Undeutsch*, ZStW 87 (1975), S. 650 und *Peters*, ZStW 87 (1975), 663.

„Der Meister, der seinen Rundgang durch die Werkhalle macht, kennt ‚seine' Leute. Die Auswertung der von Produktographen aufgenommenen Informationen obliegt demgegenüber regelmäßig Angestellten, welche die Leistungs- und Einsatzfreudigkeit des an der Maschine stehenden Arbeiters nicht aus eigener Anschauung kennen. Die Anonymität der Leistungskontrolle kann so aus einer Vielzahl von Gründen leicht statt der angestrebten Objektivierung eine Fehlbewertung der Leistung zur Folge haben. Gerade dieser von *Buchner* völlig vernachlässigte Gesichtspunkt ist es, der m. E. in erster Linie die Einführung des neuen Mitbestimmungstatbestandes zu rechtfertigen vermag."

Freilich gibt es in jeder Firma und „auf jedem Schiff" auch „Meister", die „ihre" Leute in der Weise kennen, daß sie an der bestmöglichen Arbeit des einen stets noch etwas zu kritisieren haben, während sie bestimmten anderen vieles „durchgehen" lassen. Ungerechtfertigte Sympathie und Antipathie erträgt der Mensch jedoch, so ist wohl die allgemeine Vorstellung, leichter als die „unbestechliche, objektive" Anonymität einer maschinellen technischen Kontrolle[12].

b) Die Sorge vor unzureichenden Urteilsvoraussetzungen

Hinter solcher Unterscheidung mögen auch einige (unbewußte) Vorurteile stecken, unbestreitbar ist jedoch, daß die technische Überwachung ihrer Natur (hier genauer: der soft-ware) gemäß nur bestimmt definierte Daten erfaßt, alle anderen für die Beurteilung des ArbN eventuell aber genauso wichtigen Daten „ausblendet". Das vermeintlich „objektive" Urteil des technischen Systems leidet daher notwendigerweise an der Abstraktion von eventuell zusätzlich beurteilungserheblichen Daten. Es kann z. B. ein ArbN, obwohl er eigentlich krank und arbeitsunfähig ist, zur Arbeit erscheinen, weil der ArbGeb ihm sagt, daß er zur Zeit unentbehrlich ist; das technische Überwachungssystem würde in solchem Falle unter Umständen aber eine Minderleistung, nicht aber den Grund der der Minderleistung festhalten. Gleichwohl besteht stets die Gefahr, daß die Faszination der Technik den Schein höchster Objektivität erzeugt. Es ist daher rechtspolitisch die Auffassung vertretbar, daß der spezielle kollektivrechtliche Schutz des § 87 Nr. 6 auch erforderlich ist, um den Menschen (BR) einzuschalten in ein technisches Überwachungssystem, das in dem Maße die Gefahr in sich birgt, unzureichende Urteilsvoraussetzungen zu liefern, als es (zu) viele gleichfalls urteilserhebliche Daten nicht festhält. Dieser Schutzzweck ist jedoch in § 87 Nr. 6 nicht enthalten, denn das Gesetz gewährt das MBR nur bei solchen technischen Einrichtungen, die (objektiv) zur Überwachung bestimmt, d. h. die dazu geeignet sind, ein ausreichend fundiertes, tragfähiges Urteil über die überwachten ArbN zu ermöglichen. § 87 Nr. 6 schützt nicht vor dem mensch-

[12] Ähnlich *Buchner*, SAE 1975, 153.

lichen Mißbrauch von Daten eines ungeeigneten technischen Überwachungssystems, das auch zur Überwachung objektiv nicht bestimmt ist. Die bloße Möglichkeit der Verletzung der Persönlichkeitsrechte der ArbN eröffnet das MBR des § 87 Nr. 6 noch nicht, denn die Vorschrift schützt nur vor unmittelbarer technischer Überwachung[12a].

Diese Gefahr des durch Datenselektion zu weit abstrahierten, verkürzten und daher unzulänglichen Urteils besteht jedoch auch nur, wenn und soweit die technische Überwachung „unmittelbar und im Kern durch die technische Einrichtung selbst" erfolgt[13].

c) Unmittelbare technische Überwachung

Auch mit Hilfe einer Taschen- oder Armbanduhr kann der ArbGeb kontrollieren, wann ein ArbN zur Arbeit erscheint, wann er wieder geht, und wann und wie lange er Pausen macht. Eine solche Kontrolle ist ohne Zweifel eine „Überwachung der Leistung und des Verhaltens der ArbN", und jede Uhr ist auch eine „technische Einrichtung". Dennoch geschieht in solchem Falle die Überwachung nicht — wie das *BAG*[13] fordert — im Kern unmittelbar und aktuell durch die Uhr selbst[14]. Diese Abgrenzung ist zutreffend, weil in derartigen Fällen die „technische Überwachung" weder anonym ist noch im selben Maße die Gefahr in sich birgt, unzureichende Urteilsvoraussetzungen zu liefern. Der Mensch — der alte Meister — ist bereits hinreichend in das Überwachungssystem eingeschaltet. Davon geht auch das *LAG Hamm*[14] aus, wenn es formuliert:

> „Die durch Menschen getroffene Feststellung, mögen diese Menschen Vorgesetzte oder andere Mitarbeiter sein, ob ein ArbN seine Arbeit zu einer bestimmten Zeit aufnimmt oder einstellt oder wie lange ein ArbN für eine bestimmte Arbeit benötigt, stellt für sich genommen keinen Eingriff in die Persönlichkeitssphäre des ArbN dar, der der Überwachung oder Beobachtung durch technische Geräte auch nur in etwa vergleichbar wäre, auch wenn der Beobachtende für seine Feststellungen die durch eine Uhr vermittelten Zeiten verwertet."

Unrichtig ist deswegen auch die Entscheidung des *LAG Düsseldorf* (19. Kammer Köln) vom 21. 11. 1978[15], die einen sog. *Zeitstempler* in Verbindung mit Arbeitskarten als zur Überwachung geeignete technische Einrichtung betrachtet. Das hat das *BAG*[16] in seiner vergleichbaren *Lochkartenentscheidung* vom 23. 1. 1979 klargestellt:

[12a] Vgl. dazu unten § 5 nach Fn. 37.

[13] AP Nr. 2, Bl. 3.

[14] *LAG Hamm*, DB 1978, 1987.

[15] DB 1979, 459.

[16] Beschluß, S. 7; abgedruckt in: DB 1981, 1144; vgl. auch *BAG* DB 1981, 1092, wonach das Ausfüllen sog. *Zeitberichtsformulare* auch nicht nach § 87 Nr. 1 mitbestimmungspflichtig ist.

„Ein besonders starker Eingriff in die Persönlichkeitsrechte der ArbN durch anonyme (technische) Einrichtungen fehlt hier gerade. Die maschinell auszuwertenden pauschalen Aufzeichnungen der Angestellten lassen keine Aufschlüsse auf ihr Verhalten zu; sie geben lediglich Auskunft darüber, welche Zeit für die Erledigung eines Auftrages benötigt wurde.“

Die angeführten Beispiele machen im Prinzip hinreichend klar, was das *BAG* mit den Worten meint, die technische Einrichtung müsse objektiv, unmittelbar und aktuell, d. h. wenigstens im Kern schon selbst die Überwachung bewerkstelligen. Die bloße Einschaltung einer technischen Einrichtung in den Kontrollvorgang erfüllt die Voraussetzungen des Mitbestimmungstatbestandes nicht, wenn erst durch zusätzliche weitere Anordnungen oder bestimmte Gestaltungen die Überwachung letztlich durch Menschen bewerkstelligt werden kann. Freilich hat das *BAG*[17] die notwendige Auswertung der Kontrollscheibe eines *Fahrtenschreibers* nicht als derartig „zusätzliche weitere Maßnahme“ angesehen. Andererseits hat das BAG[18] in der *Produktographenentscheidung* die Sache zurückverwiesen und dem *LAG* aufgegeben zu prüfen,

„ob die Arbeitszettel, die die an den Drehbänken arbeitenden ArbN auszufüllen haben, in Verbindung mit den Aufzeichnungen der Produktographen *unmittelbar* (Hervorh. v. Verf.) jederzeit eine Überwachung des Verhaltens von ArbN ermöglichen“.

Nicht ganz zu Unrecht hat *Hinz*[19] bemerkt, daß dieser Satz des BAG streng genommen mit sich selbst in Widerspruch steht. Allerdings hat das BAG entgegen der Unterstellung von *Hinz* nicht gesagt, daß der Produktograph in Verbindung mit den Handzetteln *unmittelbar* zur Überwachung geeignet sei, sondern dies zur Prüfung dem *LAG* aufgegeben. Im übrigen ist der „Widerspruch“ begrifflich in der Dehnbarkeit des Unmittelbarkeitsbegriffs und sachlich in der Schwierigkeit begründet zu bestimmen, ob die Überwachung im Kern durch die technische Einrichtung selbst oder im Kern durch den „Meister“ selbst erfolgt. Da in den meisten Überwachungseinrichtungen der Mensch selbst noch irgendwie eingeschaltet ist, ist dies stets ein Abgrenzungsproblem, das zwar in einigen Fällen ziemlich eindeutig (z. B. einerseits: Fernsehkamera, Mikrophon mit Tonbandaufzeichnungen — andererseits: Armbanduhr) in anderen Fällen aber auch schwierig sein kann (Produktograph, Zeitstempler etc.). Dieses Abgrenzungsproblem läßt sich nur durch wertende Zuordnung im Einzelfall entscheiden, nicht aber durch einen eindeutig subsumierbaren Begriff oder eine begriffliche, allgemeine und abstrakte Formulierung.

---

17 AP Nr. 3.

18 AP Nr. 2, Bl. 3 R.

19 Anm. in AP Nr. 2, Bl. 6.

Nach dieser Klärung des Wesens und wohl auch des Begriffs der „technischen Überwachung“ muß nun untersucht werden, unter welchen Voraussetzungen eine technische Einrichtung im Sinne des § 87 Nr. 6 zur Überwachung „bestimmt“ ist.

2. Bestimmung oder Eignung zur Überwachung

Nach dem Wortlaut des Gesetzes sollen solche technischen Einrichtungen das MBR auslösen, die dazu *bestimmt* sind, die ArbN zu überwachen. Das *BAG*[20] will es jedoch genügen lassen, daß die technischen Einrichtungen (auch) *„objektiv geeignet“* (Nebeneffekt) sind zur Überwachung der ArbN. In dieser Differenz stecken zwei verschiedene Streitfragen:

1. ob eine *subjektive* Zweckbestimmung (Absicht) des ArbGeb zur Überwachung vorliegen muß oder ob es genügt, daß die technische Einrichtung *objektiv* dazu bestimmt ist, den Überwachungszweck *haben* muß, *und*
2. ob die technische Einrichtung (objektiv) dazu *bestimmt* sein muß, Menschen zu überwachen (objektiver Hauptzweck) oder ob es genügt, daß sie dazu auch *geeignet* ist (Nebeneffekt).

Die beiden Fragen werden in der Literatur und von der Rechtsprechung nicht immer hinreichend getrennt. Die Trennung erübrigt sich freilich, wenn man mit *Buchner*[21] fordert, daß der ArbGeb die Einrichtung zum Zwecke der Überwachung der ArbN eingerichtet haben muß. Das *BAG*[22] ist dieser Ansicht jedoch nicht gefolgt und die ganz überwiegende Meinung in der Literatur[23] ist dem *BAG* beigetreten in der Auffassung, daß es auf die *subjektive* Zweckbestimmung *des ArbGeb* nicht ankommen soll. In der Tat kann das MBR aus § 87 Nr. 6, wenn man akzeptiert, daß die ratio legis im kollektiven Schutz der Persönlichkeitsrechte der ArbN besteht, nicht davon abhängig sein, welchen ersten oder letzten Zweck der ArbGeb damit allein oder unter anderem verfolgt. Subjektiv gesetzte Zwecke sind selten oder nie rein zu isolieren, meist sind sie *gemischt* (die Handlung erfolgt aus verschiedenen Gründen) oder hintereinander *gestaffelt* (1. Absicht, 2. Absicht etc.; aus weiteren Gründen). Es ist z. B. dem ArbGeb im Falle *BAG* AP Nr. 1 zu § 87 BetrVG 1972 Überwachung durchaus zu glauben — und er hätte dies wohl auch beweisen können —, daß der Einsatz der *Multimoment-*

[20] AP Nr. 2—4.

[21] SAE 1975, 154.

[22] AP Nr. 2, Bl. 2 R.

[23] *GK-Wiese*, § 87 Rdnr. 115; *Fitting / Auffarth / Kaiser*, § 87 Rdnr. 36 a ff.; *Kammann / Hess / Schlochauer*, § 87 Rdnr. 117; etwas mißverständlich *Stege / Weinspach* (§ 87 Rdnr. 107), die einerseits von der „Zweckbestimmung des Geräts“ und andererseits vom „Ziel des Arbeitgebers“ sprechen.

kamera dem Zweck gedient hat, Arbeitsablaufstudien, Materialflußuntersuchungen und Arbeitsplatzgestaltungen durchzuführen. Ob der Einsatz der Kamera jedoch *allein* und *in erster Linie* diesem Zweck gedient hat, bleibt das Geheimnis jenes ArbGeb, und die *Beweislast* dafür kann nicht dem gefilmten ArbN bzw. BR aufgebürdet werden[24].

Eine ganz andere Frage ist jedoch, ob im Sinne des Gesetzes auch solche technische Einrichtungen noch als zur Überwachung *„bestimmt"* angesehen werden können, die objektiv (vom Konstrukteur, Hersteller, Markt) zu ganz anderem (Verwendungs-)Zweck bestimmt sind als zur Überwachung der ArbN, z. B. wie Produktographen, Warnlampen, Stückzähler, Druckmesser etc. zur Kontrolle der Maschinen[25].

In der Produktographenentscheidung vom 9. 9. 1975[26] hat auch das *BAG* noch klar gesagt:

„Einigkeit besteht nur darüber, daß § 87 Abs. 1 Nr. 6 BetrVG nicht solche technischen Einrichtungen meint, die lediglich den Maschinenlauf kontrollieren."

Die Formulierung des *Regierungsentwurfs*[27], daß solche technischen Einrichtungen mitbestimmungspflichtig sein sollen, „die den Zweck *haben"* (Hervorh. v. Verf.), die ArbN zu überwachen, versteht das *BAG* in derselben Entscheidung[28] noch so:

„Diese auch aus dem Gesetzeswortlaut erkennbare Zweckrichtung ist nach Ansicht des Senats in erster Linie auf die *objektive* Eignung und Verwendung der Einrichtung zur Überwachung von ArbN zu beziehen, nicht auf die etwa anders gerichtete *subjektive* Zielsetzung des ArbGeb, bei der die Überwachung von ArbN nur ein, unter Umständen nicht einmal beabsichtigter, Nebeneffekt ist."

Auch das Wort „Nebeneffekt" meint in dieser Formulierung also noch die Neben*absicht* des ArbGeb und nicht die objektive Neben*wirkung* der technischen Einrichtung.

Die Formulierung des Leitsatzes der Produktographenentscheidung vom 9. 9. 1975:

„Eine technische Einrichtung im Sinne des § 87 Abs. 1 Nr. 6 BetrVG ist dann dazu bestimmt, das Verhalten oder die Leistung der ArbN zu überwachen, wenn die Einrichtung zur Überwachung *objektiv und unmittelbar geeignet ist* (Hervorh. v. Verf.), ohne Rücksicht darauf, ob der ArbGeb dieses Ziel verfolgt und die durch die Überwachung gewonnenen Daten auch auswertet",

findet sich so in den *Gründen* dieser Entscheidung *nicht*.

---

24 Zutreffend *Wiese*, AP Nr. 2, Bl. 4; im Ergebnis als „Rechtsfortbildung", daher wohl auch zustimmend *Buchner*, SAE 1975, 154.

25 So zutreffend *Fitting / Auffarth / Kaiser*, § 87 Rdnr. 36 f.

26 AP Nr. 2, Bl. 2 R.

27 BT-Drucks. VI/1786, S. 48 f.

28 AP Nr. 2, Bl. 2 R.

Die angeführte *Leitsatzformulierung* der Produktographenentscheidung wird dann erst in den Gründen der *Fahrtenschreiberentscheidung* vom 10. 7. 1979[29] verwendet, dabei aber nicht begründet, sondern lediglich zur Begründung auf die Produktographenentscheidung verwiesen, wo — wie gesagt — der Satz in den Gründen nicht steht und daher auch nicht begründet ist. Richtig ist allein, daß ein Fahrtenschreiber nicht nur dazu geeignet, sondern „typischerweise" objektiv dazu bestimmt ist, das Verhalten oder die Leistung der ArbN zu überwachen.

Es bleibt also festzuhalten, daß das *BAG* die Umdeutung des Merkmals „bestimmt" in „geeignet" nie begründet, sondern lediglich im Leitsatz der Produktographenentscheidung behauptet und später in der Fahrtenschreiberentscheidung abschreibend wiederholt hat. Eine derartige Umdeutung ist de lege artis auch allenfalls *rechtsfortbildend* möglich, jedoch im allgemeinen auch weder nötig noch sinnvoll. Wenn nämlich eine technische Einrichtung *objektiv* (vom Konstrukteur, Hersteller) nicht zur Überwachung von Menschen bestimmt, sondern lediglich (wohl stets in unzureichender Weise) dazu *geeignet* ist, so kann die technische Einrichtung in aller Regel die Überwachung *„im Kern nicht selbst"* bewerkstelligen, sondern es sind zusätzliche anderweitige Anordnungen oder Gestaltungen erforderlich. Das beweist überdeutlich die Produktographenentscheidung, auf deren widersprüchlichen Schlußsatz — wie oben[30] dargestellt — schon *Hinz*[31] hingewiesen hat.

Es kann und muß daher dabei bleiben, daß auch in § 87 Nr. 6 „bestimmt" — *bestimmt* und nicht *geeignet* heißt.

Freilich wird eine technische Einrichtung, „die in ihrem Kern schon selbst" zur (praktisch brauchbaren) Überwachung von ArbN geeignet ist, in aller Regel oder gar stets auch objektiv (vom Konstrukteur, Hersteller) dazu bestimmt sein. Deswegen ist die Umfunktionierung des Wortlauts des Gesetzes auch gar nicht nötig.

Ist die soft-ware des Bildschirmsystems in der oben dargestellten Art eindeutig geeignet zur Überwachung der Leistung der ArbN, so ist sie wohl stets auch *objektiv* dazu bestimmt.. Ist sie aber *objektiv* nicht dazu bestimmt (vom Konstrukteur, Hersteller), so ist sie wohl stets auch nicht dazu geeignet, ohne zusätzliche Maßnahmen im Kern selbst eine als Beurteilungsgrundlage brauchbare Überwachung zu bewerkstelligen.

3. Bildschirmterminals als Überwachungseinrichtungen

Computerintegrierte Bildschirmterminals können je nach der programmierten soft-ware und je nach der Speicherkapazität der hard-

[29] AP Nr. 3, Bl. 2.

[30] § 5 um Fn. 19.

[31] Anm. AP Nr. 2, Bl. 6.

ware eindeutig zur Überwachung der Leistung der ArbN geeignet (= objektiv bestimmt) und ebenso eindeutig dazu nicht geeignet sein; drittens kann es schließlich sehr zweifelhaft sein, ob sie im Kern selbst objektiv unmittelbar und aktuell zur Überwachung geeignet sind.

Die technischen *Möglichkeiten*, die bei der Arbeit eingegebenen Daten auch zur Überwachung sowohl der an dem Gerätesystem beschäftigten als auch anderer mit Hilfe des Gerätesystems zeitlich, örtlich und fachlich in bestimmter Weise zum Einsatz gebrachter ArbN zu verwenden, sind theoretisch schier unbegrenzt. In der Praxis bemühen sich jedoch die Herstellerfirmen im Hinblick auf das Datenschutzgesetz, die software so zu gestalten, daß personenbezogene Daten möglichst nicht unmittelbar abgerufen und miteinander „verrechnet" werden können. Das ist freilich mit der Aufgabenstellung des Geräteprogramms (der software) logisch nicht immer zu vereinbaren.

Die Tatfrage, ob ein bestimmtes Gerätesystem bzw. dessen Programm (soft-ware) zur Überwachung geeignet (= objektiv bestimmt) ist, muß daher in jedem einzelnen Streitfall für dieses Gerätesystem und sein jeweiliges Programm konkret untersucht und entschieden werden.

Zur Klärung der Rechtsfrage, unter welchen Voraussetzungen solche Gerätesysteme als mitbestimmungspflichtige Kontrollsysteme zu qualifizieren sind, werden im folgenden einige hypothetische Beispiele und ein Fall des *LAG Düsseldorf*[32] durchdiskutiert.

(1) Eindeutig ungeeignet (= objektiv nicht bestimmt)

Eindeutig nicht zur Kontrolle geeignet im dargestellten Sinne sind Gerätesysteme, welche die eingegebenen Daten oder sonstige Bearbeitungsoperationen nicht einem bestimmten ArbN zuordnen, also eine Identifikation des Gerätebenutzers nicht zulassen[32a]. Auch wenn der Gerätebenutzer sich vor jeder Benutzung durch eine Kennkarte oder einen Code dem Gerät gegenüber ausweisen muß und die von ihm mit dem Gerät erbrachten Leistungen ihm zu jeder Zeit zugerechnet werden, kann die Möglichkeit der Wiedergabe dieser z. B. auf einem Logband oder einer floppy disk gespeicherten Leistung über einen Drucker noch nicht als Überwachungsmöglichkeit qualifiziert werden. Sonst müßte auch eine herkömmliche Schreibmaschine als zur Überwachung geeignete technische Einrichtung angesehen werden, wenn die Stenotypistin die mit einem Diktatzeichen versehenen Durchschläge in einen Leitz-

---

[32] 16. Kammer (Köln), E.verz. Nr. 41, DB 1981, 379.

[32a] Sogar diesem Satz vermochte sich das *LAG Berlin* (E.verz. Nr. 45, S. 62) nicht anzuschließen und wollte die Möglichkeit der Zuordnung zu einer Station (der Pan American World Airways) genügen lassen (S. 64).

Ordner abheftet. Die Überwachungsmöglichkeit in beiden Fällen ist nicht wesentlich verschieden, d. h. sie erfolgt im Kern auch dann nicht durch die technische Einrichtung selbst, wenn der Text auf einer modernen computerintegrierten Bildschirmschreibmaschine geschrieben, elektronisch gespeichert und bei Bedarf zur Kenntnisnahme ausgedruckt wird.

(2) Eindeutig geeignet (= objektiv bestimmt)

Identifiziert der Rechner den Benutzer, hält er zugleich fest, welche Leistungseinheiten in einer bestimmten Zeit erbracht werden, notiert er die Fehler (Bedienerstatistik) und bringt sie darüber hinaus sogar in einen Bezug zu der verlaufenden Zeit, so daß auf Knopfdruck unmittelbar abgerufen werden kann, welche Leistungseinheit der ArbN pro Zeiteinheit geleistet, wieviel Fehler er gemacht, in welchem Grad die Fehlerhäufigkeit im Verlauf der Arbeitsbeanspruchung ansteigt und gar in welchem Verhältnis die Leistungskurve des ArbN zu den Leistungskurven anderer ArbN mit denselben oder vergleichbaren Aufgaben steht, so ist das rechnerintegrierte Bildschirmgerät unzweifelhaft dazu geeignet und auch objektiv dazu bestimmt, die Leistungen der daran beschäftigten ArbN zu überwachen.

(3) Im Zwischenbereich

Im Zwischenbereich der dargestellten wohl eindeutigen Fälle sind theoretisch noch viele Möglichkeiten denkbar.

Beispiel 1: Der Rechner hält die Arbeitsleistung und die dafür aufgewendete Zeit fest; die Arbeitsleistung kann reproduziert (ausgedruckt) werden.

Bei solcher Programmierung (soft-ware) ist der Computer allenfalls in einer unzureichenden Weise dazu *geeignet*, aussagekräftige Daten über die Leistung der ArbN anzusammeln, aber nicht objektiv dazu *bestimmt*, die Leistung der ArbN zu überwachen. Die Menge der in einer Stunde oder an einem Tag oder in einer sonstigen Zeiteinheit von einem ArbN in den Rechner eingegebenen oder abgerufenen Dateneinheiten hat für sich selbst noch keine *Aussagekraft* über das Verhalten oder die Leistungsfähigkeit des ArbN. Zumindest muß man zu solchem Urteil auch wissen, wieviel Zeit pro Tag oder pro sonstiger Zeiteinheit der ArbN mit dem Rechnersystem zu arbeiten verpflichtet war oder was er sonst noch zu tun hatte, wie schwierig es für ihn war, die Daten zu erhalten, sie so zuzubereiten, daß sie eingegeben werden konnten, warum er Pausen machen mußte, durch welche äußeren Einflüsse er abgehalten oder in der Konzentration gestört wurde etc. Aussagekräftig könnten die in einer bestimmten Zeiteinheit erbrachten Leistungseinheiten nur dann sein, wenn ein Vergleich mit unter den gleichen Bedingungen erbrachten Arbeitsleistungen anderer ArbN oder desselben ArbN in einem anderen Zeitpunkt „ohne zusätzliche weitere Anordnungen“ unmittelbar und aktuell möglich wäre. Auch bei einer Sekretärin kann man sich pro Stunde oder jeden Abend ansehen, wieviel Seiten sie auf der Schreibmaschine geschrieben hat und kann doch ihre Leistung nicht beurteilen, solange man nicht weiß, wie schwer es war, das Manuskript zu lesen oder das Tonband zu verstehen oder unmittelbar aufs Band gesprochene unvollkommene Sätze zu korrigieren und wieviel sie nebenbei noch telefonieren oder sonstigen Publikumsverkehr erledigen mußte.

Der Rechner ist in solchem Falle also zu einer brauchbaren Leistungskontrolle weder objektiv bestimmt noch geeignet.

Beispiel 2: Neben der Leistung pro Zeiteinheit wird im Rechner auch die Zahl der Fehler und der durchgeführten Korrekturen festgehalten.

Auch in solchem Falle erlauben die gesammelten und angespeicherten Daten noch kein tragfähiges Urteil über die Leistungen des ArbN, solange nicht festgestellt ist, unter welchen Bedingungen die Leistungen erbracht wurden, und in welchem Verhältnis das Zeit-Leistungs- und Fehlerverhältnis zu den entsprechenden Werten anderer ArbN unter vergleichbaren Bedingungen steht. Es ist allerdings nicht auszuschließen, daß die Fehlerquoten ohne hinreichende Beachtung aller Ursachen irgendwann ungerechtfertigter Weise gegen den ArbN verwendet werden. Die Verletzung der Rechte der ArbN würde in solchem Falle aber durch menschlichen Mißbrauch unzureichender Daten erfolgen, nicht „im Kern“ durch die technische Einrichtung selbst. Wenn freilich die von dem Rechner angesammelten Daten im wesentlichen (bei vernünftiger Betrachtung) bereits eine brauchbare Beurteilungsgrundlage bilden, darf angenommen werden, daß die technische Einrichtung zur Überwachung geeignet (= objektiv bestimmt) ist.

Beispiel 3: (Fall des LAG Düsseldorf)[33]

Die angegebenen Daten werden auf einem Logband gespeichert, das Gerätesystem (Typ IBM 3033) ist mit einer Uhr verbunden; ein spezielles Programm, welches den Ausdruck von Daten über Operationen unter Leistungs- und Kontrollgesichtspunkten sofort ermöglicht, besteht nicht, jedoch ist es einem versierten Fachmann mit erheblichem Arbeitsauf-

[33] 16. Kammer (Köln), E.verz. Nr. 41, DB 1981, 379.

wand (wegen der großen Zahl der im Verlauf des Rechnerbetriebs auf dem Logband anfallenden Einzelinformationen) möglich, aus dem Logbandausdruck manuell jene Daten herauszusuchen und aufzulisten, welche einer Leistungskontrolle des Mitarbeiters bei der Arbeit am Bildschirmterminal dienen könnten. Im gegebenen Fall war es daher möglich, daß ein Mitarbeiter im Rechenzentrum, der in kollegialer Weise Hilfe bei einer Fehlersuche angeboten hatte, am nächsten Tag mitteilte: „So zwischen 9 und 10 haben sie gestern sehr flott gebucht, dann haben sie den und den Fehler gemacht und danach sind sie ins Stocken gekommen."

Das *LAG Düsseldorf* (Köln) ist auf Grund dieses Sachverhalts — jedenfalls im Rahmen der *Offensichtlichkeitsprüfung* des § 98 ArbGG — davon ausgegangen, daß eine Überwachung möglich ist und auch vorgenommen wird.

Nach meiner Ansicht reichen die festgestellten Tatsachen in diesem Fall jedenfalls zu dem endgültigen Urteil nicht aus — die Frage, ob das Gericht im Rahmen der Offensichtlichkeitsprüfung so entscheiden durfte, sei hier zurückgestellt —, daß die beschriebene technische Einrichtung zur Überwachung geeignet war.

An jedem Schreibmaschinenmanuskript, auf jeder Druckfahne kann man erkennen, daß nach einigen weitgehend fehlerfrei geschriebenen Seiten langsam oder plötzlich eine Häufung von Fehlern auftritt und dann — offenbar nach der notwendig gewordenen Pause des Schreibers oder Setzers oder nach Beseitigung der Ablenkung — wieder eine „normale" Fehlerstreuung auftritt. Nichts anderes ist im Fall der Entscheidung des *LAG Düsseldorf* durch den hilfreichen Kollegen aus dem Rechenzentrum festgestellt worden, außer daß er noch mit Hilfe der eingebauten Uhr feststellen konnte, daß es zwischen 9 und 10 Uhr war. Die Kontrolle erfolgte im Kern aber nicht unmittelbar, objektiv und aktuell durch die technische Einrichtung selbst, sondern einen Tag später durch einen Menschen in Gestalt eines „hilfreichen Kollegen".

Nach meinen Informationen durch einen *soft-ware-Spezialisten*[34] ist es jedoch bei Gerätesystemen in der Art des vom *LAG Düsseldorf* entschiedenen Falles möglich, mit Hilfe eines *Zusatzprogramms* auch die personenbezogenen Daten, die auf den Logbändern gespeichert sind, miteinander zu verknüpfen und mit beliebigen Fragestellungen abzurufen. Nach der Ausstattung der Gerätesysteme mit solchen Zusatzprogrammen wären sie unzweifelhaft zur technischen Überwachung der ArbN geeignet und auch objektiv dazu bestimmt. Die in der Praxis gebräuch-

---

[34] Das *LAG Düsseldorf* hat sich auf das Gutachten eines *Psychologen* gestützt, der allerdings im Bereich der Arbeitswissenschaft tätig ist.

lichen Systeme sind jedoch wegen des Datenschutzgesetzes im allgemeinen nicht mit solchen Zusatzprogrammen ausgerüstet. Ein Verwender kann sich jedoch von einem Spezialisten ein solches Zusatzprogramm nach seinen Wünschen „stricken" und in das System integrieren lassen. Solange das Gerätesystem jedoch nicht mit einem solchen Zusatzprogramm ausgerüstet ist und die Daten nur aus einem Computercode (vergleichbar dem Morsecode) des Logbandes mit einer Speziallupe abgelesen werden können, ist eine unmittelbare Überwachung durch das System selbst nicht gegeben. Es genügt nicht, daß die Daten z. B. auf einem Logband gespeichert sind, damit ist noch nichts anderes geschehen, als wenn die Daten auf Lochkarten oder in einer herkömmlichen Kartei gespeichert wären. Eine Überwachung durch die technische Einrichtung selbst ist aber weder gegeben, wenn die abgehefteten Durchschläge der Stenotypistin überprüft, noch wenn dieselbe oder eine vergleichbare Leistung zur Kontrolle aus dem Computer wieder ausgedruckt werden kann. Die schutzbedürftige, evtl. persönlichkeitsverletzende Überwachung unmittelbar, objektiv und aktuell im wesentlichen (im Kern) durch die technische Einrichtung selbst beginnt erst dort, wo die technische Einrichtung über die üblichen „menschenmöglichen" Überwachungsfähigkeiten hinausgeht und dem Überwachten keine Möglichkeit läßt, gewisse, geringe oder zeitweise Schwächen zu überdecken oder zu kompensieren. Diese Möglichkeit hat ein ArbN nicht mehr, wenn seine gesamte Arbeitsleistung mit der oben unter „eindeutig geeignet" beschriebenen Form von einem computerintegrierten Gerätesystem überwacht wird.

III. Grenzen der Mitbestimmung

1. Absichtserklärung des Arbeitgebers

Auf der Grundlage seiner oben[35] dargestellten Auffassung schreibt *Buchner*[36],

> „eine verbindliche ausdrückliche Erklärung des ArbGeb, daß er auf gleichzeitige Kontrolle der ArbN und auf jegliche Konsequenzen für diese verzichtet, sollte die Mitbestimmungspflichtigkeit aber jedenfalls entfallen lassen".

Demgegenüber meint *Wiese*[37], *Buchner* unterscheide mit dieser Auffassung nicht hinreichend zwischen der Tatbestandsmäßigkeit und der Rechtswidrigkeit des Eingriffs in die Persönlichkeitssphäre der ArbN. Im Ergebnis ist der Ansicht *Wieses* zu folgen, daß die bloß negative Ab-

---

[35] § 5 um Fn. 21.

[36] SAE 1975, 154.

[37] AP Nr. 3, Bl. 4.

sichtserklärung des ArbGeb das MBR nicht ausschließt[37a], dies aber einfach deswegen, weil die subjektive Überwachungsabsicht des ArbGeb nicht tatbestandliche Voraussetzung des § 87 Nr. 6 ist. Dagegen bestehen gegen die von *Wiese* vorgetragenen Gründe einige Bedenken, weil er den *beschränkten Zweck* (ratio legis) der gesetzlichen Regelung (Schutz der Persönlichkeitsrechte der ArbN vor technischen Überwachungseinrichtungen) zum *unbeschränkten Inhalt* der Regelung macht, wenn er das MBR deswegen bejaht, weil eine tatbestandsmäßige Verletzung von Persönlichkeitsrechten vorliegt. Die Persönlichkeitsrechte der ArbN können durch einen ArbGeb oder den „Meister" selbst oder im Kern durch mittelbar geeignete, aber nicht objektiv dazu bestimmte technische Einrichtungen bedroht oder verletzt werden, ohne daß der Mitbestimmungstatbestand des § 87 Nr. 6 eingreift. Es ist also nicht zu fragen, ob die Persönlichkeitssphäre der ArbN (rechtswidrig) verletzt wurde, sondern ob die technische Einrichtung objektiv zur Überwachung der ArbN *bestimmt* ist.

Entgegen der Auffassung *Buchners* ist jedoch das MBR des BR auch dann gegeben, wenn der ArbGeb die technische Einrichtung nicht zur Überwachung der ArbN verwenden will, diese aber dazu objektiv bestimmt und unmittelbar und aktuell geeignet ist. Es kann aber, wie das *BAG*[38] sagt,

„im Rahmen der Verhandlungen zwischen ArbGeb und BR und notfalls im Hinblick auf eine Entscheidung der Einigungsstelle ... durchaus eine Rolle spielen, daß der ArbGeb die Filmaufnahmen nur für Zwecke verwenden will, die nicht eine Kontrolle des Verhaltens der ArbN zum Inhalt haben".

Der BR darf also in der Regel der Einführung technischer Einrichtungen, die objektiv zur Überwachung der ArbN geeignet, vom ArbGeb aber nicht dazu, sondern zu anderen betrieblichen Zwecken eingesetzt werden sollen, nicht widersprechen. Bei der *Interessenabwägung*[39] zwischen den betrieblichen Zwecken (Maschinenkontrolle, Produktkontrolle, Rationalisierung etc.) und dem Schutz der Persönlichkeitsrechte der ArbN ist grundsätzlich den betrieblichen Zwecken der Vorzug zu geben, wenn und soweit eine Kontrolle der ArbN gar nicht beabsichtigt und die als „Nebenwirkung" gewonnenen diesbezüglichen Daten gar nicht benutzt werden sollen; allenfalls kann der BR in solchem Falle verlangen, daß die nebenbei gewonnenen Daten nicht gegen die ArbN verwendet werden.

[37a] Insoweit zutreffend *Einigungsstelle Ruhrchemie* (Vors. *Bitter*), E.verz. Nr. 62, S. 14 f.

[38] AP Nr. 1, Bl. 2.

[39] Vgl. insbes. *GK-Wiese*, § 87 Rdnr. 108.

2. Ausschaltung der Kontrollmöglichkeit

Wird bei einer technischen Einrichtung, die an sich zur Überwachung der ArbN geeignet und bestimmt ist, die Überwachungsmöglichkeit durch eine technische Veränderung beseitigt, weil die Einrichtung vom ArbGeb zum anderen Zweck eingesetzt werden soll, so entfällt das MBR des BR, weil der Tatbestand des § 87 Nr. 6 nicht mehr gegeben ist[40].

3. Interessenabwägung

Sind die tatbestandlichen Voraussetzungen des § 87 Nr. 6 gegeben und hat der BR also ein MBR, so heißt das nicht, daß der BR im Regelfalle oder gar nach Willkür die Zustimmung zur Einführung oder Anwendung der technischen Einrichtung verweigern darf. Vielmehr müssen stets die verfolgten und beeinträchtigten Interessen und Rechte von ArbGeb und ArbN gegeneinander abgewogen werden[41]. Den betrieblichen Interessen zur Einführung der technischen Einrichtung wird desto mehr der Vorzug einzuräumen sein, je mehr die Überwachungsfunktion nur (unbeabsichtigte) Nebenwirkung ist. Entsprechend der Rechtsfolgeanordnung des § 91 kann der BR auch auf Grund von § 87 Nr. 6 nur *angemessene Maßnahmen* verlangen. Wenn die technische Einrichtung aus betrieblichen Gründen unbedingt geboten und die damit verbundene Überwachung aus technischen Gründen nicht ausgeschaltet werden kann, können die Maßnahmen auch in Sicherungsvorkehrungen betreffend die Verwendung aus der Überwachung eventuell anfallender Informationen bestehen. Die Abrufung der „Verrechnung" personenbezogener Daten, die Auskunft geben über die Leistungen der ArbN, kann so gesichert werden, daß sie nur gemeinsam mit einem BR-Mitglied möglich ist, der ein bestimmtes Code-Wort kennt oder über einen sonstigen Schlüssel verfügt.

Bei der Einrichtung von BAP ist die Überwachung der ArbN grundsätzlich nicht der im Vordergrund stehende Zweck, so daß der Einführung dieser technischen Systeme vom BR grundsätzlich auch nicht widersprochen werden darf. Soweit die Bildschirmsysteme objektiv *auch* dazu geeignet (= objektiv bestimmt) sind, die Leistung der ArbN zu überwachen, ist es eine technische Tatfrage, ob es möglich ist, diese Überwachungsfunktionen ohne sonstige Beeinträchtigung des Systems auszuschalten.

Freilich kann es auch ein berechtigtes Interesse des ArbGeb sein, gerade in der Einführungszeit zu erfahren, welche Leistungen die ArbN

---

[40] So auch *Wiese*, Anm. AP Nr. 2, Bl. 4 R; *GK-Wiese*, § 87 Rdnr. 105 a.

[41] *Wiese*, AP Nr. 1, Bl. 3; *ders.* schon in: ZfA 1971, 284 ff.; *GK-Wiese*, § 87 Rdnr. 108; *Galperin / Löwisch*, § 87 Rdnr. 147; *Kammann / Hess / Schlochauer*, § 87 Rdnr. 123, 124.

erbringen können, wie schnell sie ermüden, in welchen Zeitabschnitten die Fehlerhäufigkeit stark ansteigt, wann also Pausen erforderlich werden etc. Auch diesem Interesse des ArbGeb wird sich der BR grundsätzlich nicht widersetzen können; im Grunde sind diese Interessen denen des BR bzw. der ArbN sogar gleichgerichtet, weil sie Voraussetzung zur Schaffung „menschengerechter Arbeitsbedingungen" sein können. Der BR wird dann allerdings verlangen dürfen, daß er zur Auswertung dieser Daten hinzugezogen wird, daß die Daten anonymisiert und nicht gegen einzelne ArbN verwendet werden. Es ist aber auch denkbar, daß der ArbGeb ein Interesse daran hat, von den Überwachungsmöglichkeiten des EDV-Systems auf Dauer Gebrauch zu machen. Auch technische Überwachung ist nicht stets unzulässig. Ob der BR einem derartigen Vorhaben zustimmen muß, kann jedoch nur im Einzelfall nach sorgfältiger Erforschung der Tatfragen, insbesondere der Funktionsmöglichkeiten der soft-ware und der im Spiel befindlichen Interessen und nach reiflichen Abwägungen unter Beachtung der aufgezeigten rechtlichen Grundsätze wertend entschieden werden.

Im Laufe der Zeit werden sich allerdings typische Fallgrupppen herausbilden, die durch die Funktionsweise der soft-ware und die Verwendungszwecke der Gerätesysteme geprägt sind. Die vorliegende Schrift kann nur eine Hilfe sein, zur rationalen Austragung und Entscheidung der unumgänglichen Rechtsstreitigkeiten, zur Typisierung der computerintegrierten Bildschirmsysteme.

§ 6 Exkurs zur verfahrensrechtlichen Klärung der Streitfragen

Die gerichtlichen Auseinandersetzungen über die vorstehend erörterten Probleme erfolgen derzeit überwiegend in Verfahren gem. § 98 ArbGG. Einige Bemerkungen über das richtige Verfahren sollen deswegen in diesem Zusammenhang noch angefügt werden.

Zuständig zur Klärung, ob im Streitfalle MBR bestehen, sind die Arbeitsgerichte im sog. *Beschlußverfahren*. Nach der Rechtsprechung des *BAG*[1] kann jedoch auch die Einigungsstelle als *Vorfrage* über ihre Zuständigkeit, d. h. darüber entscheiden, ob im gegebenen Falle ein MBR des BR besteht. Dies hat dazu geführt, daß die Betriebsräte in zunehmendem Maße, insbesondere in den Fällen der Einrichtung von BAP, nicht zuerst im Beschlußverfahren das Bestehen von Mitbestimmungsrechten klären lassen, sondern sofort über § 98 ArbGG die Bestimmung des *Vorsitzenden einer Einigungsstelle* und der Anzahl der Beisitzer verlangen[1a].

Dieser Antrag kann nach der Änderung des ArbGG durch Gesetz vom 2. 7. 1979 nur noch zurückgewiesen werden, wenn die Einigungsstelle *offensichtlich unzuständig*[2] ist, d. h. wenn *offensichtlich* kein MBR besteht. Die Beschränkung des Prüfungsrechts des Vorsitzenden wird hauptsächlich damit begründet, daß die Entscheidung über die Zuständigkeit der Einigungsstelle letztlich der vollbesetzten Kammer vorbehalten bleiben soll, der Vorsitzende solle der Entscheidung eines Rechtsstreits über die Zuständigkeit der Einigungsstelle durch die Kammer nicht vorgreifen[3]. Das Verfahren nach § 98 ArbGG diene demgegenüber nicht der Klärung des Streits über das Bestehen eines MBR, sondern lediglich der sachgerechten und neutralen Besetzung der Einigungsstelle. Freilich entstehen dem ArbGeb eventuell höhere und unnötige Kosten, wenn er erst nach der Entscheidung der Einigungsstelle im Beschlußverfahren

---

[1] *BAG* AP Nr. 2 zu § 87 BetrVG 1972 sowie *BAG* AP Nr. 3 zu § 57 BetrVG und neuerdings *BAG* DB 1980, 1402.

[1a] Vgl. die „Handlungsanleitung“ von *Hexel*, Mitbestimmung bei Bildschirmarbeitsplätzen, in: Der Betriebsrat 1981, S. 153 ff. (161).

[2] Ein solcher Evidenzfall ist nur gegeben, wenn die Zuständigkeit der Einigungsstelle unter keinem rechtlichen Gesichtspunkt zu begründen ist. Vgl. dazu *Wlotzke / Schwedes / Lorenz*, § 98 Anm. 2 m. w. N.

[3] So schon *Dietz / Richardi*, § 76 Rdnr. 15; vgl. auch *Grunsky*, ArbGG, § 98 Anm. 1.

feststellen lassen kann, daß die Einigungsstelle mangels eines MBR des BR gar keine Regelungskompetenz besessen hat. Das ist auch vom *BAG*[4] in der Entscheidung vom 15. 10. 1979 klar erkannt worden:

„Unter diesen Umständen liegt es im Interesse des ArbGeb wie auch des BR, wenn die Frage der Zuständigkeit der Einigungsstelle nicht während des gesamten Einigungsstellenverfahrens in der Schwebe bleibt und dadurch das Verfahren, die Betriebspartner und letztlich auch die betroffenen ArbN belastet, sondern wenn sie möglichst frühzeitig, und zwar tunlichst schon vor dem Zusammentreten der Einigungsstelle, einer gerichtlichen Klärung zugeführt wird."

Praktisch bedeutet dies, daß die ArbGeb, wenn sie der Auffassung sind, daß im gegebenen Fall kein MBR des BR besteht, dieser aber die Bildung einer Einigungsstelle über § 98 ArbGG betreibt, ein Beschlußverfahren mit dem Antrag auf Feststellung einleiten müssen, daß dem BR das behauptete MBR nicht zusteht. In solchem Fall muß das parallele Verfahren nach § 98 ArbGG bis zur rechtskräftigen Entscheidung des Beschlußverfahrens gem. § 148 ZPO ausgesetzt werden[5].

Allerdings sind in dieser Frage die Vorsitzenden einiger Landesarbeitsgerichte anderer Ansicht und setzen die Bestellungsverfahren nach § 98 ArbGG nicht aus, sondern bestimmen ohne Rücksicht auf den Streit der Beteiligten hinsichtlich des Bestehens eines MBR des BR und damit der Regelungsbefugnis der Einigungsstelle einen Kollegen zum Vorsitzenden der Einigungsstelle[6]. Eine Aussetzung halten sie für unzulässig, weil eine solche Verzögerung des auf rasche Entscheidung angelegten Einigungsstellenverfahrens die Wiederherstellung des Betriebsfriedens verhindere und ferner deshalb, weil die Einigungsstelle selbst über ihre Zuständigkeit soll entscheiden dürfen.

Beide Argumente überzeugen nicht, wenn man bedenkt, daß die Verweigerung der Aussetzung des Bestellungsverfahrens das gesamte Entscheidungsverfahren um keine Sekunde beschleunigen und auch nicht etwa den Betriebsfrieden schneller wiederherstellen kann[7], sondern im

---

[4] *BAG* v. 15. 10. 1979, AP Nr. 5 zu § 111 BetrVG 1972 = DB 1980, 549; dazu *Ehmann*, ZfA 1980, 844, 735.

[5] So *Dütz*, AuR 1973, 368; *Gaul*, ZfA 1979, 117 sowie *ders.*, BB 1979, 1067; *GK-Thiele*, § 76 Rdnr. 42 b); *Stege / Weinspach*, § 76 Rdnr. 3; *LAG Düsseldorf*, DB 1977, 1707; *LAG Düsseldorf* (Kammer Köln) DB 1979, 994; *LAG Baden-Württemberg*, E.verz. Nr. 44, S. 7. Die Ermessensbindung des Vorsitzenden wird von *Gaul*, a. a. O., zu Recht auf verfassungsrechtliche Argumente (Sozialstaatsprinzip, Verhältnismäßigkeitsgrundsatz) gestützt.

[6] So *LAG Düsseldorf* DB 1977, 1755; *LAG Düsseldorf* (Kammer Köln) DB 1978, 1182; *LAG Hamm* DB 1979, 994; *LAG Baden-Württemberg* DB 1980, 1076. Vgl. ferner *LAG Berlin*, E.verz. Nr. 45, S. 25 ff. und aus der Literatur: *Simitis / Weiss*, ZfA 1974, 383; *Leinemann*, AuR 1975, 25.

[7] Vgl. *Gaul*, ZfA 1979, 120, *ders.*, BB 1978, 1067; *BAG* DB 1980, 549; *LAG Düsseldorf* DB 1977, 1708.

Gegenteil die Spannungen im Betrieb erhöht werden, wenn eine dem BR günstige Entscheidung der Einigungsstelle später vom Gericht im Verfahren nach § 76 Abs. 5 BetrVG mangels hinreichender Kompetenz der Einigungsstelle bzw. des BR wieder aufgehoben werden muß. Die Zuständigkeit der Einigungsstelle ist eine Rechtsfrage, die die Einigungsstelle zwar als Vorfrage selbst prüfen, nicht aber mit für die Betriebspartner verbindlicher Wirkung entscheiden kann[8]. In dieser Frage haben die Arbeitsgerichte die Kompetenz-Kompetenz[9].

Erst mit der gerichtlichen Entscheidung ist die rechtliche Grundlage für die Arbeit der Einigungsstelle geschaffen. Daraus folgt, daß eine Aussetzung des Bestellungsverfahrens keine Verzögerung der Mitbestimmung des BR herbeiführt und auch die Wiederherstellung des Betriebsfriedens nicht verzögert. Auch aus der Sicht der Betriebsräte oder der ArbN sind überzeugende Argumente gegen die Aussetzung des Verfahrens nach § 98 ArbGG nicht ersichtlich.

Sowohl für den ArbGeb als auch für den BR ist es rechtsschutzintensiver, wenn die Frage der Zuständigkeit der Einigungsstelle mit bindender Wirkung so rasch wie möglich, und zwar vor der Einsetzung der Einigungsstelle nach § 98 ArbGG geklärt wird.

Das Argument[10], es sei gar nicht sicher, daß eine Einigungsstellenentscheidung ohne Rechtsgrundlage und daher ohne Entscheidungskompetenz auch gerichtlich angefochten werde[11], läuft auf *Rechtsverweigerung* hinaus, weil es dem Versuch Vorschub leistet, auf zweifelhaftem prozessualen Wege die MBR der BR über das Gesetz hinaus zu erweitern.

---

[8] So *GK-Thiele,* § 76 Rdnr. 426; *Dütz,* AuR 1973, 368; *BAG* DB 1980, 549 und *LAG Düsseldorf* (Kammer Köln) DB 1979, 995.

[9] So *Dütz,* AuR 1973, 368; vgl. auch *BAG* DB 1980, 550.

[10] *LAG Düsseldorf* (Kammer Köln) DB 1978, 1184 (gegen *LAG Düsseldorf* DB 1977, 1707).

[11] Wird der Spruch der Einigungsstelle angefochten und aufgehoben, entstehen dem ArbGeb unnötig Kosten, was das *LAG Baden-Württemberg* DB 1980, 1076 aus der „Gesetzessystematik" rechtfertigen will. Bereits *Simitis / Weiss,* ZfA 1974, 403 haben die Kosten eines unnötigen Einigungsstellenverfahrens als „ein gleichsam unvermeidliches Begleitrisiko des vom Gesetz vorgesehenen Konfliktlösungsmodells" gehalten. Eine solche Entscheidung hat der Gesetzgeber jedoch nirgends getroffen, sie kann nicht aus dem Gesetz herausgelesen werden. Die Aufbürdung einer (durch die Aussetzung des Bestellungsverfahrens) vermeidbaren Kostenlast des ArbGeb kann im Gegenteil gegen den Grundsatz der Verhältnismäßigkeit (Rechtsstaatsprinzip) verstoßen.

Zusammenfassung

1. *Tat- und Rechtsfragen*

1.1. Die *allgemeine Frage,* ob es bei der Einrichtung von BAP ein MBR des BR gibt, kann zutreffend weder mit „ja" noch mit „nein" beantwortet werden, weil es einen gesetzlichen Mitbestimmungstatbestand mit dieser Frage entsprechenden Voraussetzungen nicht gibt (S. 17 f., 101).

1.2. Auch die *Definition* des Begriffs BAP in der DIN-Norm 66233 (Entwurf) ist zur Beantwortung der Frage 1.1. juristisch völlig unbrauchbar und darüber hinaus irreführend, weil diese Definition viele tatbestandliche Voraussetzungen von in Betracht zu ziehenden gesetzlichen Mitbestimmungstatbeständen nicht erfaßt (S. 18, 101).

1.3. Es müssen daher *in jedem Fall* der Ausrüstung von Büroarbeitsplätzen mit Bildschirmterminals die einschlägigen Mitbestimmungstatbestände unter Berücksichtigung aller damit in Zusammenhang stehenden erheblichen *Tatsachen* geprüft werden (S. 16).

1.4. Die wichtigsten in Betracht zu ziehenden Mitbestimmungstatbestände sind die (echten) Mitbestimmungsrechte aus den §§ 87 Nr. 6 (S. 100 ff.), 87 Nr. 7 (S. 68 ff.), 91 (S. 24 ff.) und 111—113 (S. 22 f.) sowie die Informationsrechte der §§ 80 Abs. 2, 90, 92, 106, 111 (S. 21 f.) und schließlich ausnahmsweise auch der §§ 87 Nr. 2 und 3 (S. 62) und 95, 99 BetrVG (S. 16).

1.5. Ein Antrag auf Bestellung des Vorsitzenden einer Einigungsstelle gem. § 98 ArbGG bedarf in jedem Fall der *substantiierten Darlegung* der tatsächlichen Voraussetzungen eines gesetzlichen Mitbestimmungstatbestandes. Ein Antrag gem. § 98 ArbGG, der lediglich damit begründet wird, der ArbGeb beabsichtige die Einrichtung von BAP, muß als *unzulässig* abgewiesen werden, obwohl nicht gesagt werden kann, bei einem derartigen Vorhaben seien offensichtlich keine MBR zu beachten und daher eine Einigungsstelle *offensichtlich* unzuständig (ebenso *LAG Düsseldorf,* DB 1981, 1677). Der Sachverhalt „Einrichtung von Bildschirmarbeitsplätzen" ist auch für das summarische Verfahren des § 98 ArbGG kein hinreichend substantiierter Vortrag (S. 19, 102, 111).

1.6. Für ein gerichtliches Beschluß- oder Einigungsstellenverfahren fehlt grundsätzlich das *Rechtsschutzbedürfnis*, wenn der ArbGeb ohnehin bereit ist, den im Wege der MB geltend gemachten Forderungen des BR zu genügen (S. 67, 89, 102).

1.7. In der Regel werden die Gerichte sich der Hilfe von *Sachverständigen* bedienen müssen zur Beantwortung der Fragen, ob die Einrichtung der BAP gesicherten arbeitswissenschaftlichen Erkenntnissen entspricht, ob Gesundheitsgefahren bestehen, ob die Bildschirmterminals zur Überwachung der Leistung der ArbN (geeignet) sind etc. Die Erfahrung lehrt, daß in solchen Fällen schon bei der Formulierung der *Beweisbeschlüsse* darauf zu achten ist, daß den Sachverständigen die Voraussetzungen und Grenzen ihres Urteilsermessens deutlich gemacht wird (S. 20, 102).

2. *Persönlichkeitsschutz: § 87 Nr. 6*

2.1. Die Frage, ob die Einrichtung von BAP ein MBR des BR aus § 87 Nr. 6 auslöst, setzt zunächst die Klärung der *Rechtsfrage* voraus, was i. S. v. § 87 Nr. 6 eine zur Überwachung der Leistung „bestimmte" technische Einrichtung ist, und ist auf dieser Rechtsgrundlage eine entscheidend von der soft-ware des EDV-Systems abhängige Tatfrage (S. 102 f., 110 ff.).

2.2. Das BAG hat eine technische Einrichtung schon dann als zur Überwachung *bestimmt* erklärt, wenn sie in ihrem Kern schon selbst unmittelbar zur Überwachung *geeignet* ist (S. 108 ff.).

3.3. Eine technische Einrichtung, die ohne weiteres menschliches Zutun *im Kern schon selbst* zur Überwachung geeignet ist, ist aber wohl stets auch objektiv (vom Konstrukteur, Hersteller) dazu bestimmt worden (S. 106 ff., 110).

2.4. Die (subjektive) Bestimmung des ArbGeb, die technische Einrichtung zum Zweck der Überwachung einzusetzen, ist nicht erforderlich (S. 108).

2.5. *Im Kern schon selbst* geeignet und auch objektiv bestimmt zur Überwachung der Leistung von ArbN sind die integrierten Bildschirmterminals aber nur dann, wenn die angesammelten Daten und die Möglichkeit ihrer Verknüpfung aus sich selbst heraus für einen vernünftigen Menschen ein brauchbares, tragfähiges Urteil über die überwachten ArbN bilden können. Abstrahieren die angesammelten Daten von zu vielen erheblichen Leistungs- und Urteilsvoraussetzungen, so ist das Gerätesystem zur Überwachung weder geeignet noch objektiv bestimmt (S. 105 ff., 111 ff.).

2.6. § 87 Nr. 6 gewährleistet keinen umfassenden Persönlichkeitsschutz der ArbN vor mißbräuchlicher Verwendung unzureichender Leistungsdaten, sondern nur einen *Schutz der Persönlichkeit* vor technischer Überwachung, die das Abwehr- und Reaktionssystem des überwachten ArbN zu durchbrechen geeignet ist und sich insofern von der stets zulässigen Leistungsüberwachung durch Menschen unterscheidet (S. 105 f.).

2.7. Ein computerintegriertes Bildschirmsystem ist *nicht* schon dann zur Überwachung (objektiv) bestimmt, wenn die *hard-ware* über eine hinreichende Kapazität für eine zur Überwachung geeignete soft-ware verfügt (S. 18, 101).

2.8. Noch *nicht* hinreichend zur Überwachung *geeignet* (= objektiv bestimmt) ist ferner ein Gerätesystem, das z. B. die Arbeitsleistung einer Typistin statt auf Papier in Leitz-Ordnern elektronisch auf Log-Bändern speichert und bei Bedarf ausdrucken kann (S. 111 f.).

2.9. Noch *nicht* hinreichend *geeignet* (= objektiv bestimmt) ist schließlich ein Gerätesystem, wenn es die zur Beurteilung der Leistung geeigneten Daten zwar gespeichert hat, diese aber zu dem gewünschten Zweck nicht unmittelbar miteinander verrechnen und sichtbar machen kann. Falls die „Verrechnungsoperation" mit Hilfe eines Zusatzprogramms möglich ist, ist das Gerätesystem nach der Ausstattung mit diesem Zusatzprogramm zur Überwachung geeignet und (objektiv) bestimmt (S. 113 f.).

2.10. *Geeignet* und objektiv zur Überwachung bestimmt ist ein Gerätesystem aber dann, wenn es die Leistungsquantität und -qualität der ArbN in Abhängigkeit von der Zeit gar mit Vergleichsmöglichkeiten zu anderen ArbN unmittelbar speichert und bei Bedarf ausdrucken kann (S. 112).

2.11. Die *Erklärung* des ArbGeb, ein an sich zur Überwachung (objektiv) bestimmtes Gerätesystem nicht zu Überwachungszwecken verwenden zu wollen, schließt das MBR nicht aus (S. 115 f.).

2.12. Eine *technische Vorrichtung*, die das Gerätesystem zur Überwachung ungeeignet macht, schließt das MBR aus (S. 117 f.).

2.13. Ist das MBR des BR aus § 87 Nr. 6 gegeben, so steht es nicht in der *Willkür des BR*, seine notwendige Zustimmung zu geben oder zu verweigern. Der BR muß vielmehr, nach pflichtgemäßer Abwägung aller berührten Interessen, nach billigem Ermessen entscheiden (S. 117 f.).

2.14. Ist eine *Überwachung* der ArbN nicht der Hauptzweck der technischen Einrichtung und womöglich auch gar nicht beabsichtigt, so dürfte für eine Zustimmungsverweigerung in der Regel kein *berechtigter Grund* vorhanden sein (S. 117 f.).

2.15. Es ist aber auch denkbar, daß der ArbGeb vorübergehend oder auf Dauer ein *berechtigtes Interesse* daran hat, von den Überwachungsmöglichkeiten des Gerätesystems Gebrauch zu machen. Ob der BR dann zustimmen muß, kann nur im Einzelfalle, unter Abwägung aller Umstände, entschieden werden (S. 118).

3. *Unfall- und Gesundheitsschutz: § 87 Nr. 7*

3.1.1. Das *Verlangen der BR*, die Arbeitsplätze und Arbeitsabläufe in bestimmter Weise zu gestalten, die Arbeitszeit an Bildschirmterminals auf vier Stunden täglich zu verkürzen, regelmäßige Pausen einzuhalten, Misch- und Mehrstellenarbeitsplätze einzurichten, augenärztliche Untersuchungen zu veranlassen etc., werden u. a. auch auf § 87 Abs. 1 Nr. 7 BetrVG gestützt (S. 14 f., 68).

3.1.2. Tatsächlich werden diese Forderungen mit der *Behauptung von Gesundheitsgefahren* aufgrund unerträglicher psycho-physischer Beanspruchungen, Augenbeschwerden, Kopfschmerzen, Haltungsanomalien und Haltungsschäden etc. begründet (S. 24).

3.2.1. *Spezielle* gesetzliche Vorschriften oder Unfallverhütungsvorschriften zum Schutz vor Unfall- und Gesundheitsgefahren der BAP gibt es bisher allerdings nicht (S. 68).

3.2.2. Auch bei der Einrichtung von BAP sind jedoch eine Menge allgemeiner *Arbeitsschutzvorschriften* über Arbeitsstätten und Arbeitsmittel zu beachten, die Schutzvorschriften i. S. d. § 87 Nr. 7 sein können. Zu denken ist insbesondere an die Arbeitsstättenverordnung und das Gerätesicherheitsgesetz sowie an die Generalklauseln der §§ 618 BGB, 62 HGB, 120a GewO, 3 ArbStättVO, 2 VBG 1 (S. 68—70).

3.3.1. § 87 Nr. 7 eröffnet ein MBR nur im Rahmen von Vorschriften zur Verhütung von *Arbeitsunfällen* und *Berufskrankheiten* sowie über den *Gesundheitsschutz* (S. 70 ff.). Beachte aber *BAG*, DB 1981, 1674.

3.3.2. Die Bezeichnung „*gesetzlicher Arbeitsschutz*" für den Regelungsbereich des § 87 Nr. 7 ist daher insoweit zumindest mißverständlich, als der Arbeitsschutz über den Unfall- und Gesundheitsschutz hinausreicht (S. 41, 63, 70).

3.3.3. Gesetzliche Vorschriften zur *Humanisierung* des Arbeitslebens oder zur sonstigen menschengerechten Gestaltung der Arbeitsplätze und des Arbeitsablaufs sind daher *keine* Schutzvorschriften i. S. d. § 87 Nr. 7 (S. 70 f.).

3.3.4. Keine Schutzvorschriften i. S. d. § 87 Nr. 7 sind daher z. B. §§ 16, 32 und der sonstige „*Humanisierungsteil*" der ArbStättVO, der im übrigen auch außerhalb der Ermächtigungsgrundlage der §§ 120a und b GewO steht und daher verfassungswidrig gem. Art. 80 GG ist (S. 71).

3.3.5. Keine Schutzvorschrift i. S. d. § 87 Nr. 7 sind insbesondere die *Sicherheitsregeln* des Hauptverbandes der Berufsgenossenschaften, weil sie weder gesetzliche Vorschriften noch Unfallverhütungsvorschriften i. S. d. § 708 RVO sind, und großteils auch nicht dem Unfall- und Gesundheitsschutz, sondern der menschengerechten Gestaltung der Arbeit dienen (S. 44 ff., 72 f.).

3.4. Keine Schutzvorschriften i. S. d. § 87 Nr. 7 sind ferner die dem Schutz von *Sitte, Anstand und Hygiene* dienenden Arbeitsschutzvorschriften, z. B. der §§ 34—37 ArbStättVO, weil sie nicht dem Gesundheits- und Unfallschutz dienen (S. 73 f.).

3.5. Auch die Vorschriften des Jugendarbeitsschutzgesetzes dienen nur teilweise dem Gesundheits- und Unfallschutz, teilweise aber auch „nur" der jugend-(menschen-)gerechten Gestaltung der Arbeit und eröffnen insoweit nicht das MBR des § 87 Nr. 7 (S. 74).

3.6. Vom MBR des § 87 Nr. 7 werden schließlich nicht erfaßt die Vorschriften des sog. *sozialen Arbeitsschutzrechts*, d. h. die zeitlichen Beschränkungen und Beschäftigungsverbote des Jugendschutz-, Mutterschutz-, Ladenschluß-, Bäckerarbeitsschutzgesetzes u. a. (S. 66, 75).

3.7. Sehr zweifelhaft ist, ob die oben (3.2.2.) angeführten *Generalklauseln* Schutzgesetze i. S. v. § 87 Nr. 7 sind (S. 62, 89 ff.).

3.7.1. Die §§ 3 ArbStättVO und 2 VBG 1 eröffnen keine neuen gesetzlichen Schutzräume, die durch das MBR aus § 87 Nr. 7 konkretisiert werden könnten.

3.7.2. Mit guten Gründen verneint das *LAG Düsseldorf* die Schutzgesetzeigenschaft der §§ 120a GewO, 618 BGB und 62 HGB i. S. d. § 87 Nr. 7. Unbestreitbar verwischen die Generalklauseln i. V. m. § 87 Nr. 7 die Grenze zur Anwendung des § 91 BetrVG. Beachte auch *BAG*, DB 1981, 1674.

3.7.3. Die §§ 120a GewO, 618 BGB, 62 HGB sind jedoch nicht nur „allgemeine Postulate", sondern unentwickelte *schuldrechtliche Schutzverpflichtungen*, die im Falle konkreter Gefahren Unterlassungs- und im Falle der Gefahrverwirklichung Schadensersatzansprüche auslösen (S. 91 f.).

3.7.4. Unabdingbare Voraussetzung für das Eintreten der Schutzverpflichtungen aus den genannten Generalklauseln ist jedoch das

Vorliegen einer *konkreten Gefahr* für Leben und Gesundheit der ArbN. Ohne konkrete Gefahr bestehen keine Schutzverpflichtungen und daher auch kein MBR aus § 87 Nr. 7 (S. 62 f., 64 f., 92).

3.7.5. Der Begriff *Gesundheitsgefahr* in den genannten Generalklauseln darf nicht mit Hilfe des *Gesundheitsbegriffs der WHO* definiert werden, weil wir alle arbeitsunfähig krank wären, wenn Gesundheit wäre „ein Zustand vollständigen geistigen, körperlichen und sozialen Wohlbefindens". Dieser Begriff ist eine utopische Vorstellung, aber kein Rechtsbegriff oder Rechtssatz gar (S. 62, 71, 93).

3.7.6. Außerhalb des juristisch noch Vertretbaren steht auch die Auffassung, der Begriff *Gesundheitsgefahr* i. S. d. genannten Generalklauseln sei gleichzusetzen mit dem weitgefaßten Begriff des gesetzlichen und autonomen Arbeitsschutzes i. S. v. *Fitting / Auffarth / Kaiser* (vor §'89 Rdnr. 3; dagegen S. 41, 63, 70). Damit würde § 87 Nr. 7 i. V. m. den genannten Generalklauseln den gesamten Bereich des § 91 ohne dessen einschränkende Voraussetzungen in sich aufnehmen (S. 62 f., 64).

3.7.7. Das MBR aus § 87 Nr. 7 i. V. m. den genannten Generalklauseln erfaßt nur den Schutz vor solchen Unfall- und Gesundheitsgefahren, die durch die Arbeitsleistung verursacht werden. Eventuelle Augenbeschwerden infolge der Bildschirmarbeit lösen daher das MBR nur aus, wenn sie nicht bloße Beanspruchungsreaktionen (S. 65), sondern echte Gesundheitsgefahren darstellen, und nicht im wesentlichen *anlagebedingt* sind, d. h. auf unausgeglichenen Sehfehlern beruhen (S. 65, 75 f.; auch S. 53 f.).

3.7.8. Auch die sonstigen *psycho-physischen Belastungen* der ArbN an BAP dürften im allgemeinen auch ohne besondere Arbeitszeitregelung kaum die Qualität von *Gesundheitsgefahren* erreichen; jedoch ist dies eine stets im Einzelfall zu prüfende *Tatfrage*, wobei ggf. im Wege einer Interessenabwägung zu entscheiden ist, inwieweit die Natur des Betriebs eine Beseitigung oder Verringerung der Gefahren gestattet (S. 93).

3.8. Die Bildschirmgeräte sind *technische (elektrische) Betriebsmittel* i. S. v. § 2 GSG und *Störstrahler* i. S. v. § 5 RöV. Wenn die Geräte jedoch von den zuständigen Stellen überprüft, in Ordnung befunden und mit dem Zeichen GS (= geprüfte Sicherheit) gem. § 3 Abs. 4 GSG versehen werden, ist das MBR aus § 87 Nr. 7 ausgeschlossen (sog. *vorgreifender Arbeitsschutz)* (S. 83, 87).

3.9. Das MBR aus § 87 Nr. 7 ist nur gegeben im Rahmen gesetzlicher Vorschriften oder UVV und setzt demzufolge einen *Ermessens-*

spielraum in den Schutzvorschriften voraus. Ordnet eine Vorschrift eine bestimmte Maßnahme zwingend an, so entfällt das Bestimmungsrecht des ArbGeb und das MBR des BR. Es ist weder notwendig noch sinnvoll, daß in einer Betriebsvereinbarung bereits geltende Vorschriften abgeschrieben werden (S. 76 ff., 88 ff.).

3.9.1. Die Vorschriften der ArbStättVO enthalten häufig derartige Ermessensspielräume; diese werden jedoch vielfach durch ASR und deren Weiterverweisungen auf DIN-, VDE- und sonstige private Normen weitgehend eingeengt. Auch diese *Konkretisierungen* beseitigen den Spielraum für MBR des BR (S. 77 f., 88 f.).

3.9.2. Das MBR entfällt auch dann, wenn *Gewerbeaufsichtsbeamte* (z. B. gem. § 120d oder f GewO) oder *technische Aufsichtsbeamte* gem. § 712 Abs. 1 S. 2 RVO bestimmte Maßnahmen anordnen (S. 77).

3.9.3. Das MBR besteht schließlich nur zur Ausfüllung von Ermessensspielräumen, nicht aber zur Entscheidung von *Rechtsfragen*. Daher ist die Konkretisierung von unbestimmten Rechtsbegriffen (z. B. „Gesundheitsgefahr" i. S. d. §§ 120a GewO, 618 BGB, 62 HGB) dem MBR des BR entzogen (S. 78).

3.10. Das MBR aus § 87 Nr. 7 besteht nur bei *normativen* (generellen, abstrakten) *Regelungen*, nicht bei Einzelmaßnahmen (S. 78 ff.).

3.10.1. Der Begriff „normative Regelung" ist nicht deckungsgleich mit dem Begriff „*Kollektivmaßnahme*". Auch *Einzelmaßnahmen* können kollektive Tatbestände betreffen, sind deswegen aber noch keine normativen Regelungen (S. 78 f.).

3.10.2. Mit der Beschränkung des MBR aus § 87 Nr. 7 auf normative Regelungen beließ der Gesetzgeber bewußt primär die *Verantwortung für die Sicherheitsorganisation* beim ArbGeb (S. 77, 81) und vermied einen unklar abgegrenzten Eingriff in die Leitungsfunktion des Unternehmers (S. 82 f.).

3.10.3. Die normative Regelung i. S. v. § 87 Nr. 7 muß *unmittelbar rechtliche Wirkung* haben, sie darf nicht bloß ein einer Vollzugsmaßnahme vorausgehendes *Internum* sein (S. 84 ff.).

3.10.4. Normative Regelungen sind z. B. *Fluchtpläne* gem. § 55 ArbStättVO, *Alternativvorschläge* (z. B. gem. § 4 Abs. 1 ArbStättVO); nach der *Betriebsärzteentscheidung* des *BAG* auch die Entscheidung über eine der drei Möglichkeiten des § 9 Abs. 3 S. 2 ASiG (S. 84 f.).

3.11. § 120a Abs. 4 GewO ist kein Schutzgesetz i. S. v. § 87 Nr. 7, sondern eine *obsolet* gewordene Vorschrift (S. 93 f.).

3.12.1. Auch § 9 Abs. 3 ASiG ist kein Schutzgesetz i. S. v. § 87 Nr. 7, sondern ein selbständiger Mitbestimmungstatbestand (S. 95 ff.).

3.12.2. Das MBR des BR aus § 87 Nr. 7 ist nicht davon abhängig, ob es in dem Betrieb einen *Betriebsarzt* gibt; entweder besteht eine konkrete Gesundheitsgefahr, dann hat der BR ein MBR aus § 87 Nr. 7 i. V. m. den §§ 120a GewO, 618 BGB, 62 HGB, oder es besteht keine Gesundheitsgefahr, dann besteht auch im Falle des Vorhandenseins eines Betriebsarztes kein MBR aus § 87 Nr. 7 oder § 9 Abs. 3 ASiG (S. 97 f.).

4. *Humanisierung der Arbeitswelt: § 91*

4.1. Das mit § 91 geltend gemachte *Regelungsverlangen* und die zugrunde liegenden *tatsächlichen Behauptungen* entsprechen denjenigen zu § 87 Nr. 7 (S. 24 f.; 3.1.1. und 3.1.2.).

4.2. Die Bestimmung des Begriffs der „gesicherten arbeitswissenschaftlichen Erkenntnisse" setzt sowohl eine Klärung des Begriffs „Arbeitswissenschaft(en)" als auch seines Zwecks, der „menschengerechten Gestaltung der Arbeit" voraus (S. 25).

4.3. Die *„Arbeitswissenschaft"* mit einer einheitlichen Methode der Forschung und Bewertung der Erkenntnis gibt es nicht, sondern vielmehr nur eine Anzahl von wissenschaftlichen Fachdisziplinen, die sich um auf die menschliche Arbeit bezogene Erkenntnisse bemühen und daher unter dem Oberbegriff *Arbeitswissenschaft(en)* zusammengefaßt werden (S. 25 ff.).

4.4.1. Unrealistisch und unbrauchbar ist die Ausrichtung des unbestimmten Rechtsbegriffs „menschengerechte Arbeitsgestaltung" am Gesundheitsbegriff der WHO (S. 27 f.).

4.4.2. Wertvoll und ausbaufähig erscheint demgegenüber die Stufentheorie *Rohmerts*, welche den Begriff der menschengerechten Arbeitsgestaltung in vier Stufen zergliedert (S. 28 ff.):

1. Ausführbarkeit der Arbeit;
2. Erträglichkeit der Arbeit (Dauerleistungsgrenze);
3. Zumutbarkeit;
4. Zufriedenheit mit der Arbeit.

4.4.3. Auch die begriffliche Abschichtung dieser Stufentheorie läßt jedoch noch einiges ungeklärt, insbesondere die praktische und rechtliche Relevanz der dritten und vierten Stufe (Zumutbarkeit; [subjektive] Zufriedenheit mit der Arbeit) (S. 31).

4.5. Die wohl überwiegende Meinung verlangt — im Anschluß an *Natzel* —, daß arbeitswissenschaftliche Erkenntnisse

(1) methodisch erforscht,
(2) praktisch erprobt und bewährt sind — und
(3) Allgemeingeltung haben (S. 32).

4.5.1. Die Definition *Natzels* knüpft an den Begriff der *anerkannten Regeln der Technik* an und bildet einen brauchbaren Ansatz, sie bedarf jedoch insofern der Korrektur, als die arbeitswissenschaftlichen Erkenntnisse zur menschengerechten Gestaltung der Arbeit nicht ausschließlich auf das in der Vergangenheit praktisch Erprobte und Bewährte gestützt werden können, sondern auch die *neuen* Erkenntnisse für die Gestaltung der (besseren) *Zukunft* berücksichtigen müssen (S. 32 ff.).

4.5.2. Es erscheint daher richtiger, bei der Vergleichung mit dem *Recht der Sicherheitstechnik* den Inhalt des Verweisblanketts „gesicherte arbeitswissenschaftliche Erkenntnisse" statt gemäß der Formel „anerkannte Regeln der Technik" entsprechend den Formeln „Stand der Technik" oder „Stand von Wissenschaft und Technik" zu bestimmen (S. 33).

4.5.3. Das Erfordernis der *methodischen Erforschung* ist jedenfalls dann unentbehrlich, wenn die zu bewertende Erkenntnis nicht praktisch erprobt und bewährt ist (S. 34).

4.5.4. Eine *praktische Erprobung* und Bewährung sollte nach Möglichkeit gegeben sein, kann aber nicht stets gefordert werden, weil die Zukunft nach den neuesten Erkenntnissen gestaltet werden sollte (S. 33).

4.5.5. Mangels praktischer Bewährung bzw. empirischer Absicherung sind jedoch entsprechend der in *§ 6 Abs. 6 S. 2 BImSchG* vorgeschlagenen Methode zur Bestimmung der praktischen Eignung „vergleichbare Verfahren, Einrichtungen oder Betriebsweisen heranzuziehen, die mit Erfolg im Betrieb erprobt worden sind" (S. 33).

4.5.6. Von den *Sicherheitsregeln* des Hauptverbands der Berufsgenossenschaften könnten demgemäß z. B. die Vorschriften betreffend die Tastatur und Vorlagehalter nur dann als gesicherte arbeitswissenschaftliche Erkenntnisse anerkannt werden, wenn sie sich an Schreibmaschinenarbeitsplätzen als erforderlich, praktisch geeignet und angemessen erwiesen hätten (S. 33).

4.5.7. Arbeitswissenschaftliche Erkenntnisse können auch *geistes- und gesellschaftswissenschaftliche Erkenntnisse* sein, die sich ihrer Natur gemäß der praktischen, experimentellen Erprobung und Bewährung entziehen. Derartige Erkenntnisse können daher nur in einem rechtsförmlichen Verfahren (als Gesetz, Tarifvertrag,

Betriebsvereinbarung, Einzelarbeitsvertrag) als gesicherte Erkenntnisse anerkannt werden (S. 34).

4.5.8. Die *Methoden zur Feststellung* des Maßes der Sicherheit der arbeitswissenschaftlichen Erkenntnisse müssen der jeweiligen Art der wissenschaftlichen oder technischen Disziplin und ihrer speziellen Forschungs- und Erkenntnismethoden entsprechen (S. 35).

4.5.9. Auch arbeitswissenschaftliche Erkenntnisse müssen als je gesicherter betrachtet werden, desto allgemeiner sie akzeptiert werden. Das Erfordernis der *Allgemeingeltung* darf jedoch nicht in dem Sinne verstanden werden, daß der Richter im Entscheidungsfalle an die *Mehrheitsmeinung der Experten* gebunden und an der Feststellung einer neuen Erkenntnis als gesichert gehindert wäre, wenn sich diese unter den Experten noch nicht durchgesetzt hat; notfalls muß der Richter vielmehr „an der Front" entscheiden und „in die Meinungsverschiedenheit der Techniker eintreten, um zu ermitteln, was technisch notwendig, geeignet, angemessen und vermeidbar ist" (S. 33, 38 ff.).

4.5.10. Sozialer und technischer Fortschritt ist stets nur möglich innerhalb der *ökonomischen Grenzen*. Am wenigsten menschengerecht sind die Arbeitsplätze, die es nicht mehr gibt, die nicht geschaffen werden können oder wegfallen, weil sie ökonomisch nicht tragbar sind (S. 35 ff.).

4.5.11. Zur Entscheidung darüber, wie sicher, wie angenehm, wie menschengerecht die Arbeitsplätze gestaltet werden sollen, ist daher stets eine *Interessenabwägung* notwendig. Die notwendige Interessenabwägung betrifft nicht nur die ökonomischen Bedingungen (S. 35 ff.).

4.5.12. Seit alters her müssen auch im Arbeitsleben gesundheitliche Risiken (z. B. Staublunge) hingenommen werden, sonst dürfte es den Berufskrankheitenkatalog (§ 551 RVO) nicht geben. Die zu den *Berufskrankheiten* führenden Tätigkeiten verstoßen nicht gegen gesicherte arbeitswissenschaftliche Erkenntnisse, sofern im jeweiligen Betrieb die Arbeitsschutz- und Unfallverhütungsvorschriften eingehalten werden und *soweit die „Natur des Betriebs" es nicht anders gestattet* (§ 120a GewO, 618 GBG, 62 HGB) (S. 37 f.).

4.5.13. Eine Interessenabwägung kann auch zwischen den verschiedenen arbeitswissenschaftlichen *Teildisziplinen* erforderlich sein, wenn deren Erkenntnisse in bezug auf einen einheitlichen Betrachtungsgegenstand nicht in Einklang miteinander stehen. Eine Teildisziplin kann nicht ihre (reine) Erkenntnis als „gesicherte arbeitswissenschaftliche Erkenntnis“ betrachten, solange nicht die Widersprüche oder Gegensätze zu den Erkenntnissen der anderen Teildisziplinen ausgeräumt oder kompromißartig ausgeglichen sind (S. 36).

4.5.14. Eine hohe *Richtigkeitsgewähr* für eine ausgewogene Interessenabwägung bietet ein interessen-pluralistisch ausgewogen besetztes Sachverständigengremium, das sich in der Formulierung einer privaten „Norm“ einigt (S. 42 f.).

4.6. *Arbeitswissenschaftliche Erkenntnisse* können durch den Gesetz- oder Verordnungsgeber, durch die Tarifvertragsparteien oder in Arbeitsstättenrichtlinien, Unfallverhütungsvorschriften, Sicherheitsregeln, DIN- und sonstigen privaten Regelungswerken *normiert* werden (S. 41).

4.6.1. Werden die arbeitswissenschaftlichen Erkenntnisse durch den *Gesetz- oder Verordnungsgeber* oder eine zuständige Berufsgenossenschaft normiert, so wird der Regelungsbereich des § 91 verlassen und ein MBR kann nur noch aus § 87 Nr. 7 in Betracht kommen (S. 41).

4.6.2. Bei Normierung der Erkenntnisse in einem *Tarifvertrag* ist zu unterscheiden, ob der betroffene Betrieb innerhalb oder außerhalb des Geltungsbereichs des Tarifvertrags liegt. Innerhalb dieses Geltungsbereichs gilt die tarifliche Regelung unmittelbar und zwingend wie ein Rechtssatz. Außerhalb des Geltungsbereichs kann die tarifliche Regelung zwar ein Indiz für eine gesicherte arbeitswissenschaftliche Erkenntnis sein, es ist aber zu beachten, daß tarifliche Regelungen mehr durch die Machtverhältnisse der Tarifpartner als durch wissenschaftliche Erkenntnisse bestimmt werden und im allgemeinen nur die Interessen der Tarifpartner berücksichtigen (S. 41).

4.6.3. Die in *Arbeitsstättenrichtlinien* normierten arbeitswissenschaftlichen Erkenntnisse sind keine Rechtssätze; sie stellen jedoch eine Art abstraktes, antizipiertes Sachverständigengutachten dar und bilden eine widerlegliche Vermutung, die in der Regel gelten soll, d. h. wenn im konkreten Fall nicht nachgewiesen wird, daß die Erkenntnisse nicht als gesichert gelten können (S. 41 ff.).

4.6.4. Eine den Arbeitsstättenrichtlinien entsprechende Vermutungswirkung kommt grundsätzlich auch den vom *DIN* normierten arbeitswissenschaftlichen Erkenntnissen zu (S. 43 f.).

4.6.5. Für Arbeitsstättenrichtlinien und DIN-Normen ist die *Vermutungswirkung* für die Sicherheit der arbeitswissenschaftlichen Erkenntnisse um so überzeugungskräftiger, je ausgeglichener die

Träger der betroffenen Interessen an der Normbildung beteiligt waren (S. 43 f.).

4.6.6. Nach dem Willen ihrer Urheber sollen wohl auch die *Sicherheitsregeln* des Hauptverbands der Berufsgenssenschaften gesicherte arbeitswissenschaftliche Erkenntnisse sein. Die vom Hauptverband beschlossenen Grundsätze zur Erstellung derartiger Sicherheitsregeln erscheinen an sich auch allgemein geeignet, den von den Fachausschüssen geschaffenen Regelungswerken prima facie die Vermutung für „gesicherte Erkenntnisse" zuzubilligen (S. 44 ff.).

4.6.7. Die vom Fachausschuß „Verwaltung" herausgegebenen speziellen *„Sicherheitsregeln für Bildschirmarbeitsplätze im Bürobereich"* lassen jedoch einige Mängel erkennen, die geeignet sind, die Vermutungsgrundlage zu erschüttern. Im Streitfalle muß daher der Richter oder der Vorsitzende einer Einigungsstelle sehr genau — meist wohl mit Hilfe eines Sachverständigen — prüfen, ob die in Betracht zu ziehenden Sicherheitsregeln als gesicherte arbeitswissenschaftliche Erkenntnisse akzeptiert werden können (S. 46 ff.).

4.6.8. Die *Handlungsanleitungen* der Bundesanstalt für Arbeitsschutz und Unfallforschung (BAU) bilden nach der Form ihres Zustandekommens keinerlei Gewähr für die hinreichende Berücksichtigung aller betroffenen Interessen. Die allgemeine Vermutung gesicherter Erkenntnis kann ihnen daher nicht zukommen. Das soll nicht heißen, daß diese Handlungsanleitungen nicht wertvollste Erkenntnisse enthalten können, sie haben aber positiv und negativ nur so viel Wert, wie das Gutachten, dessen Kurzfassung sie darstellen (S. 49 f.).

4.6.9. Auch *sonstige Veröffentlichungen*, Broschüren und Prospekte öffentlicher und privater, wissenschaftlicher und gewerblicher Art kann kein Vertrauensvorschuß in Form einer Richtigkeitsvermutung gewährt werden; sie sind jeweils nur so viel wert, wie sich nach sachlicher Prüfung ihrer Methode und ihrer Ergebnisse ergibt. Nicht alles, was irgendwo und irgendwie auf Flugblättern oder Hochglanzpapier gedruckt wird und sich eines fachlichen Jargons oder gar der Sprache der Arbeitswissenschaft bedient, sind gesicherte arbeitswissenschaftliche Erkenntnisse; auch dann nicht, wenn sich der angegebene Verfasser mit akademischen Graden oder sonstigen Titeln und Ehrenzeichen schmückt (S. 50 f.).

4.7. Nur ein eindeutiger, erheblicher, nicht geringfügiger, d. h. *offensichtlicher Widerspruch*, der aber nicht jedem Laien erkennbar sein muß, zu gesicherten arbeitswissenschaftlichen Erkenntnissen löst das MBR aus § 91 aus (S. 52).

4.8. Der Widerspruch zu den gesicherten arbeitswissenschaftlichen Erkenntnissen muß objektiv und wirklich *„besondere Belastungen"* der ArbN zur Folge haben. Das Maß hierfür bilden die ArbN im Betrieb, deren Arbeitsplätze geändert wurden (S. 52 f.).

4.9. Die besonderen Belastungen müssen durch die Änderung der Arbeitsplätze verursacht worden sein. Im wesentlichen *anlagebedingte* Belastungen (z. B. unausgeglichene Sehfehler) lösen das MBR aus § 91 nicht aus (S. 53 f.). Beachte auch *LAG Düsseldorf*, DB 1981, 1677.

4.10. Die *Angemessenheit der Maßnahmen*, welche der BR zur Abwendung, Milderung oder zum Ausgleich der besonderen Belastungen verlangen kann, beurteilt sich nach dem *Verhältnismäßigkeitsgrundsatz*, wonach einerseits die Belastungen der ArbN, andererseits neben dem Stand der arbeitswissenschaftlichen Erkenntnisse aber auch die sonstigen in bezug auf diese Arbeitsleistung zu beachtenden Faktoren, insbesondere die technischen, organisatorischen und finanziellen Möglichkeiten des Betriebs zu berücksichtigen sind (S. 54 f.).

5. *Typische Tatfragen und Subsumtionsprobleme* zu den Fragen der Gestaltung der Arbeitsplätze, der Arbeitszeitgestaltung (Höchstarbeitszeit, Pausen), der Einrichtung von Misch- und Mehrstellenarbeitsplätzen, der augenärztlichen Untersuchung, des Mutterschutzes, des Lärmschutzes etc. sind unter § 3 IV insbesondere anhand der Entscheidungen des LAG Berlin und der Einigungsstellen der Firma Ruhrchemie AG und der Firma Ortmann & Herbst dargestellt (S. 55 ff.).

6. *Rationalisierungs- und Abqualifizierungsschutz: §§ 111—113*

6.1. Ein *Interessenausgleich* und ein *Sozialplan* gem. §§ 111, 112 kann vom BR anläßlich der Einrichtung von BAP nur verlangt werden, wenn diese Maßnahme *erhebliche Nachteile* für die Belegschaft oder erhebliche Teile der Belegschaft zur Folge haben kann (S. 22 f.).

6.2. Durch die Erfüllung der Voraussetzungen des § 111 S. 2 Nr. 4 und 5 werden die Voraussetzungen des zitierten Relativsatzes des § 111 S. 1 *nicht fingiert* (S. 22).

6.3. Wesentliche Nachteile sind in der Regel dann gegeben, wenn die Betriebsänderung eine die Zahlen des § 17 KSchG entsprechende *Massenentlassung* „zur Folge haben kann" (S. 23).

6.4. *„Zur Folge haben kann“* heißt nicht, daß jede entfernte und abstrakte Möglichkeit wesentlicher Nachteile das MBR aus den §§ 111, 112 auslöst; in Betracht zu ziehen sind vielmehr nur nach dem Plan des Unternehmers naheliegende, mit *gewisser Wahrscheinlichkeit* innerhalb absehbarer Zeit eintretende Nachteile (*Ehmann*, Festschrift für *Weitnauer*, S. 34 ff.).

7. *Einigungsstellen- und Beschlußverfahren*

7.1. Ist es nicht *offensichtlich*, daß kein MBR des BR besteht und also eine *Einigungsstelle* unzuständig ist, so kann — wenn ArbGeb und BR sich nicht einigen können — in einem Verfahren nach § 98 ArbGG der Vorsitzende einer Einigungsstelle und die Zahl der Beisitzer gerichtlich bestimmt werden (S. 119 ff.).

7.2. Der Streit um die *Zuständigkeit der Einigungsstelle* sollte jedoch möglichst frühzeitig, „und zwar tunlichst schon vor dem Zusammentreten der Einigungsstelle“ (BAG), in einem *Beschlußverfahren* geklärt werden (S. 120).

7.3. Ein bereits rechtshängiges Verfahren gem. § 98 ArbGG muß grundsätzlich *gem. § 148 ZPO* nach Einleitung eines Beschlußverfahrens bis zu dessen rechtskräftiger Entscheidung über die Zuständigkeit der Einigungsstelle *ausgesetzt* werden (S. 120 f.).

Schrifttumsverzeichnis

Bachof, JZ 1955, 97 ff. — Otto Bachof: Beurteilungsspielraum, Ermessen und unbestimmter Rechtsbegriff im Verwaltungsrecht, in: Juristenzeitung 1955, 97 ff.

Baier, von Ferber u. a. — Baier, von Ferber u. a.: Maßlose Medizin? Antworten auf Ivan Illich, Berlin, Heidelberg, New York 1975.

Breuer, DVBl 1978, 28 ff. — Rüdiger Breuer: Die rechtliche Bedeutung der Verwaltungsvorschriften nach § 48 BImSchG im Genehmigungsverfahren, in: Deutsches Verwaltungsblatt 1978, 28 ff.

Breuer, AöR 101 (1976), 72 ff. — Rüdiger Breuer: Direkte und indirekte Rezeption technischer Regeln durch die Rechtsordnung, in: Archiv des öffentlichen Rechts, 101. Band (1976), 46 ff.

Birkwald / Pornschlegel — Reimar Birkwald und Hans Pornschlegel: Handlungsanleitung zur menschengerechten Arbeitsgestaltung nach den §§ 90 und 91 Betriebsverfassungsgesetz, Köln 1976.

Bley — Helmar Bley: Sozialrecht, 3. Auflage, Frankfurt/M. 1980.

Buchner, SAE 1975, 153 ff. — Herbert Buchner, Anmerkung zum Beschluß des Bundesarbeitsgerichts vom 14. 5. 1974 — 1 ABR 45/73 (LAG Düsseldorf — 13 BV Ta 4/73).

Buss / Eiermann, BG 1977, 109 ff. — Buss / Eiermann: Die neue Unfallverhütungsvorschrift „Allgemeine Vorschriften" (VBG 1), in: Die Berufsgenossenschaft 1977, 109 ff.

Cakir / Schmude / Reuter / Armbruster — A. Cakir, H.-J. Reuter, L. von Schmude und A. Armbruster: Anpassung von Bildschirmarbeitsplätzen an die physische und psychische Funktionsweise des Menschen, Forschungsprojekt im Auftrag des Bundesministers für Arbeit und Sozialordnung.

Cakir / Hart / Stewart — A. Cakir, D. J. Hart, T. F. M. Stewart: Bildschirmarbeitsplätze, Ergonomie — Arbeitsplatzgestaltung — Gesundheit und Sicherheit — Aufgabenorganisation, Berlin, Heidelberg, New York 1980.

Däubler — Wolfgang Däubler: Das Arbeitsrecht 2, RoRoRo, Hamburg 1979.

Denck, ZfA 1976, 447 ff. — Johannes Denck: Arbeitsschutz und Mitbestimmung des Betriebsrats, in: Zeitschrift für Arbeitsrecht 1976, 447 ff.

Dietz — Rolf Dietz: Betriebsverfassungsgesetz, Kommentar, 4. Auflage, München und Berlin 1967.

Dietz / Richardi — Rolf Dietz und Reinhard Richardi: Betriebsverfassungsgesetz, Kommentar, 5. Auflage, München 1973

Dütz, AuR 1973, 353 ff. — Wilhelm Dütz: Verfahrensrecht der Betriebsverfassung, in: Arbeit und Recht 1973, 353 ff.

Ehmann, Betriebsstillegung — Horst Ehmann: Betriebsstillegung und Mitbestimmung — Informationszeitpunkt, Verfahrensdauer, Sanktionen —, Düsseldorf und Frankfurt 1978.

Ehmann, Betriebsrisikolehre — Horst Ehmann: Betriebsrisikolehre und Kurzarbeit — Zur Verlagerung des Lohnrisikos in Arbeitskampf und Arbeitsfrieden —, Berlin 1979.

Ehmann, Festschrift für Weitnauer — Horst Ehmann: Der Schutzzweck des Sozialplans, in: Privatautonomie, Eigentum und Verantwortung, Festgabe für Hermann Weitnauer, Berlin 1980.

Ehmann, ZfA 1980, 683 ff. — Horst Ehmann: Die Rechtsprechung des Bundesarbeitsgerichts im Jahre 1979, in: Zeitschrift für Arbeitsrecht 1980, 683 ff.

Eiermann, BG 1978, 96 ff. — Eiermann: Die neue Unfallverhütungsvorschrift „Allgemeine Vorschriften" (VBG 1), in: Die Berufsgenossenschaft 1978, 96 ff.

Fischer, PERSONAL 1980, 90 ff. — Robert Fischer: Wo bleibt der Mensch im rationalisierten Büro?, in: PERSONAL 1980, 90 ff.

Fitting / Auffarth / Kaiser — Karl Fitting, Fritz Auffarth und Heinrich Kaiser: Betriebsverfassungsgesetz, Handkommentar, 12. Auflage, München 1977.

Flatow / Kahn-Freund, BRG — Georg Flatow und Otto Kahn-Freund: Betriebsrätegesetz vom 4. 2. 1920, 13. Auflage, Berlin 1931.

Forsthoff — Ernst Forsthoff: Der Staat der Industriegesellschaft 1971.

Galperin / Löwisch — Hans Galperin und Manfred Löwisch: Betriebsverfassungsgesetz, Kommentar, 5. Auflage, Heidelberg 1976.

Gaugler u. a. — Eduard Gaugler / Althauser / Kolb / Mallach: Rationalisierung und Humanisierung von Büroarbeiten, Auszüge in: Rationalisierung im Büro — wo bleibt der Mensch?, herausgegeben vom Bayerischen Staatsministerium für Arbeit und Sozialordnung, München 1981.

Gaul, ZfA 1979, 97 ff. — Dieter Gaul: Die Entscheidung über die Besetzung der Einigungsstelle, in: Zeitschrift für Arbeitsrecht 1979, 97 ff.

Gaul, BB 1978, 1067 — Dieter Gaul: Zur Aussetzung des Verfahrens über die Bestellung des Einigungsstellenvorsitzenden, in: Betriebs-Berater 1978, 1067 ff.

Gierse — F. Gierse: Einsatz des Bildschirmgerätes aus der Sicht des Betriebsarztes, in: Der umstrittene Bildschirm, Schriftenreihe Arbeitswissenschaft des AGV Metall, Köln 1981.

Giese / Ibels / Rehkopf — Herbert Giese, Hans Ibels und Helmut Rehkopf: Kommentar zum Arbeitssicherheitsgesetz, 3. Auflage, Heidelberg 1977.

GK-Verfasser — Fritz Fabricius, Alfons Kraft, Wolfgang Thiele und Günther Wiese: Betriebsverfassungsgesetz, Gemeinschaftskommentar, Neuwied und Berlin 1974.

Glaubitz, BB 1977, 1403 ff. — Werner Glaubitz: Mitbestimmung des Betriebsrats gemäß § 87 Abs. 1 Nr. 7 BetrVG bei Regelungen über den Arbeitsschutz, in: Betriebs-Berater 1977, 1403 ff.

Grabitz, AöR 98 (1973), 568 ff. — Eberhard Grabitz: Der Grundsatz der Verhältnismäßigkeit in der Rechtsprechung des Bundesverfassungsgerichts, in: Archiv des öffentlichen Rechts, 98. Band (1973), 568 ff.

Grunsky, ArbGG — Wolfgang Grunsky: Arbeitsgerichtsgesetz, Kommentar, 3. Auflage, München 1980.

Haider / Rohmert — E. Haider und Walter Rohmert: Ergonomische Analyse von Tätigkeiten an Bildschirmen, in: Der umstrittene Bildschirm, Schriftenreihe Arbeitswissenschaft des AGV Metall, Köln 1981.

Hanau — Peter Hanau: Anmerkung zu BAG AP Nr. 1 zu § 87 BetrVG 1972 Arbeitssicherheit.

Heinen / Tentrop / Wienecke / Zerlett, ArbStättVO — W. Heinen, F. Tentrop, J. Wienecke, G. Zerlett: Kommentar zum medizinischen und technischen Arbeitsschutz, Vorschriftensammlung, Band 1, 8. Lieferung, Januar 1980.

Herschel — Wilhelm Herschel: Rechtsfragen der technischen Überwachung, 2. Auflage, Heidelberg 1980.

Herschel — Wilhelm Herschel: Anmerkung zu BAG, AP Nr. 17 zu § 618 BGB.

Hexel, Der Betriebsrat 1981, S. 153 ff. — Dietmar Hexel, Mitbestimmung bei Bildschirmarbeitsplätzen, in: Der Betriebsrat 1981, 153 ff.

Hilger, BB 1956, 11 ff. — Marie-Luise Hilger: Mitbestimmungsrecht und Mitbeurteilungsrecht des Betriebsrats, in: Betriebs-Berater 1956, 11 ff.

Hofe, AuR 1979, 79 ff. — Gerhard Hofe: Die Mitbestimmung nach § 91 BetrVG — Verhältnis zum Arbeitsschutzrecht, in: Arbeit und Recht 1979, 79 ff.

Illich — Ivan Illich: Die Enteignung der Gesundheit — Medical Nemesis —, Reinbek 1975

Jahnke, DB 1978, 1691 ff. — Volker Jahnke: Zur Mitbestimmung des Betriebsrats bei der Anwendung technischer Überwachungseinrichtungen, in: Der Betrieb 1978, 1691 ff.

Jeiter — Wolfram Jeiter: Das neue Gerätesicherheitsgesetz, München 1980.

Kammann / Hess / Schlochauer — Karl-Udo Kammann, Harald Hess und Ursula Schlochauer: Betriebsverfassungsgesetz, Kommentar, Neuwied 1979.

Klatt — Helmut Klatt, Bericht über die Informationstagung „Bildschirmarbeitsplätze“ der BAU, in: Leistung und Lohn Nr. 95, April 1980, S. 19 ff.

Kliesch / Nöthlichs / Wagner — Georg Kliesch, Matthias Nöthlichs und Rolf Wagner: Arbeitssicherheitsgesetz, Gesetz über Betriebsärzte, Sicherheitsingenieure und andere Fachkräfte für Arbeitssicherheit, Kommentar, Berlin 1978.

Knevels — Peter Knevels: Der Einsatz von Bildschirmgeräten aus der Sicht der Arbeitgeberverbände, in: Leistung und Lohn Nr. 95, April 1980, S. 4 ff.

Krebs — Heinrich Krebs, unter Mitarbeit von Georg Zerlett und Diedrich-Wilhelm Fulda: Arbeitssicherheitsgesetz (ASiG) vom 12. Dez. 1973, Kommentar, 2 Bände, Stand: 1. Jan. 1980.

Kreß, ASchuR — Hugo Kreß: Lehrbuch des Allgemeinen Schuldrechts, München 1929, Neudruck Aalen 1974 mit Einführung von Weitnauer und Ehmann.

Kreß, BSchuR — Hugo Kreß: Lehrbuch des Besonderen Schuldrechts, München und Berlin 1934.

Krueger — H. Krueger: Beanspruchungen am Bildschirm, in: Der umstrittene Bildschirm, Schriftenreihe Arbeitswissenschaft des AGV Metall, Köln 1981.

Krueger / Müller-Limmroth — Helmut Krueger und Wolf Müller-Limmroth: Arbeiten mit dem Bildschirm — aber richtig!, herausgegeben vom Bayerischen Staatsministerium für Arbeit und Sozialordnung, 3. Auflage, München 1980.

Lauterbach, Unfallversicherung — Herbert Lauterbach: Gesetzliche Unfallversicherung, 3. Auflage, Stuttgart 1975.

Leinemann, AuR 1975, 22 ff. — Wolfgang Leinemann: Die Bestellung des Vorsitzenden und die Bestimmung der Anzahl der Beisitzer einer betriebsverfassungsrechtlichen Einigungsstelle, in: Arbeit und Recht 1975, 22 ff.

Lindacher, BB 1981, 144 — Walter F. Lindacher: Anmerkung zum Urteil des Oberlandesgerichts Köln vom 8. 2. 1980 — 6 U 147/75 — Wettbewerbswidriges Verhalten bei Verletzung von DIN-Normen, in: Betriebs-Berater 1981, 144.

Luczak / Rohmert — Holger Luczak und Walter Rohmert: Ergonomie, in: Denkschrift zur Lage der Arbeitsmedizin und der Ergonomie in der Bundesrepublik Deutschland/Deutsche Forschungsgemeinschaft, Boppard 1980.

Marburger — Peter Marburger: Die Regeln der Technik im Recht, Köln 1979.

Meyer — T. R. Meyer: Gerätesicherheitsgesetz, 1. Auflage, Berlin 1980.

Natzel — Benno Natzel: Zur Mitbestimmung bei der menschengerechten Gestaltung der Arbeit, in: Leistung und Lohn Nr. 88/92, Juni 1979, S. 5 ff.

Natzel, RdA 1974, 280 ff. — Benno Natzel: Zur Mitbestimmung bei der menschengerechten Gestaltung der Arbeit, in: Recht der Arbeit 1974, 280 ff.

Nicklisch, BB 1981, 505 ff. — Fritz Nicklisch: Konkretisierung wissenschaftlich-technischer Standards bei der Genehmigung komplexer Großanlagen, in: Betriebs-Berater 1981, 505 ff.

Nöthlichs / Jeiter / Stürk — Matthias Nöthlichs, Wolfram Jeiter und Stürk: Rechtsvorschriften im Bereich der Elektrotechnik, Bielefeld 1979.

Oftinger — Karl Oftinger: Punktationen für eine Konfrontation der Technik und dem Recht, in: Die Rechtsordnung im technischen Zeitalter, 1961, S. 1 ff.

Peterek, SAE 1976, 191 — Rainer Peterek: Anmerkung zum Beschluß des Bundesarbeitsgerichts vom 9. 9. 1975 — 1 ABR 20/74 (LAG Bad.-Württ. — 6 Ta BV 20/73), in: Sammlung Arbeitsrechtlicher Entscheidungen 1976, 191.

Peterek — Rainer Peterek: Die rechtlichen Grundlagen der Bildschirmarbeit, in: Der umstrittene Bildschirm, Schriftenreihe Arbeitswissenschaft des AGV Metall, Köln 1981.

Peters, ZStW 87 (1975), 663 ff. — Karl Peters: Eine Antwort auf Undeutsch: Die Verwertbarkeit unwillkürlicher Ausdruckserscheinungen bei der Aussagenwürdigung, in: Zeitschrift für die gesamte Strafrechtswissenschaft, 87. Band (1975), S. 663 ff.

Radl, Manuskript — Gerald W. Radl: Ergonomische und arbeitspsychologische Fragen bei der Textverarbeitung mit Bildschirmterminals.

Radl, Gutachten — Gerald W. Radl: Gutachten, vorgelegt im Rechtsstreit E.verz. Nr. 41.

Rationalisierung im Büro — Wo bleibt der Mensch? Hrsg. v. Bay. Staatsministerium für Arbeit und Sozialordnung auf der Grundlage des Forschungsberichts von Gaugler / Althäuser / Kolb / Mallach, Rationalisierung und Humanisierung von Büroarbeiten, Ludwigshafen 1980.

Refa, Methodenlehre — Refa: Methodenlehre des Arbeitsstudiums, Teil 1 und 3, hrsg. von Refa, Verband für Arbeitsstudien e. V.

Richardi, Sozialplan — Reinhard Richardi: Sozialplan und Konkurs, Düsseldorf 1975.

Rohmert / Landau — Walter Rohmert und Kurt Landau: Das arbeitswissenschaftliche Erhebungsverfahren zur Tätigkeitsanalyse (AET), Wien 1975.

Rohmert / Laurig — Walter Rohmert und Wolfgang Laurig, Ansätze zur Beurteilung von Belastung und Beanspruchung vorwiegend energetisch-effektorischer Arbeit, in: Erkenntnisse der Arbeitswissenschaft, Beurteilung vorwiegend körperlicher und nichtköperlicher Arbeit — Dokumentation der Arbeitswissenschaft an Universitäten, hrsg. von W. Rohmert, Berlin, Köln, Frankfurt/M. 1974.

Rohmert / Rutenfranz — Walter Rohmert und Joseph Rutenfranz: Arbeitswissenschaftliche Beurteilung der Belastung und Beanspruchung an unterschiedlichen industriellen Arbeitsplätzen; ein Gutachten herausgegeben vom Bundesminister für Arbeit und Sozialordnung, Bonn 1975.

Rohmert / Süddeutsche Zeitung — Walter Rohmert: Bewertungsebenen für die Beurteilung menschlicher Arbeit, in: Süddeutsche Zeitung Nr. 60, 12. 3. 1974.

Rossette, PERSONAL 1980, 99 ff. — Hans J. Rossette, Bildschirme in der Datenerfassung und am Arbeitsplatz des Sachbearbeiters, in: PERSONAL 1980, 99 ff.

Sander — Sander: Württ. Bauberufsgenossenschaften — Mitteilungen 1/78.

Schäcker, DB 1961, 914 — Hanns Schäcker: Arbeitsrechtliche Fragen bei Einsatz eines „Produktographen", in: Der Betrieb 1961, 914 ff.

Schaub — Günter Schaub: Arbeitsrechtshandbuch, 4. Auflage, München 1980.

Schmatz / Nöthlichs, ArbStättVO — Hans Schmatz und Matthias Nöthlichs, unter Mitarbeit von Alois Kohlbeck und Horst Peter Weber: Arbeitsstättenverordnung einschließl. Winterarbeitsschutzverordnung, Kommentar, 2. Aufl. Berlin 1975.

Schuhmacher, PERSONAL 1980, 102 — Bernd Schumacher: Die Einführung von Datensichtgeräten bei der HEW, Hamburg, in: PERSONAL 1980, 102 ff.

Siebert / Hilger, BB 1955, 670 — Wolfgang Siebert und Marie-Luise Hilger: Anmerkung zum Beschluß des Landesarbeitsgerichts Hannover vom 14. 2. 1955 — 4 Ta 137/54 — in: Betriebs-Berater 1955, 670 f.

Sieg, SAE 1977, 14 — Karl Sieg: Anmerkung zum Urteil des Bundesarbeitsgerichts vom 10. 3. 1976 — 5 AZR 34/75 (LAG Schleswig-Holst. — 5 Sa 266/74), in: Sammlung Arbeitsrechtlicher Entscheidungen 1977, 14 f.

Simitis, AuR 1977, 97 ff. — Spiros Simitis: Datenschutz und Arbeitsrecht, in: Arbeit und Recht 1977, 97 ff.

Simitis / Weiss, ZfA 1974, 383 ff. — Spiros Simitis und Manfred Weiss: Funktion und Grenzen der Intervention des Arbeitsgerichts bei der Bestellung des Vorsitzenden der Einigungsstelle, in: Zeitschrift für Arbeitsrecht 1974, 383 ff.

Stahlhacke — Eugen Stahlhacke: Gewerbeordnung, Band 3 — Arbeitsrechtliche Vorschriften, Kommentar, Stand: 20. 10. 1977.

Stege / Weinspach — Dieter Stege und F. K. Weinspach: Betriebsverfassungsgesetz, Kommentar, 4. Auflage, Köln 1981.

Stein, PERSONAL 1980, 96 f. — Peter Stein: Büroarbeit morgen, in: PERSONAL 1980, 96 ff.

Stützel, Sicherung der sozialen Marktwirtschaft — Wolfgang Stützel: Sicherung der Sozialen Marktwirtschaft durch eine konsequente Ordnungspolitik, in: Fundamentalkorrektur statt Symptomtherapie — Von der Zukunft der sozialen Marktwirtschaft, Bonn 1978.

Thiemermann — Michael Thiemermann: Bildschirmarbeitsplätze — Entwicklungen und Tendenzen, in: Der umstrittene Bildschirm, herausgegeben vom Arbeitgeberverband der Metallinduustrie, Köln 1981.

Undeutsch — Udo Undeutsch: Die Verwertbarkeit unwillkürlicher Ausdruckserscheinungen bei der Aussagenwürdigung — Eine Anfrage von psychologischer Seite, in: Zeitschrift für die gesamte Strafrechtswissenschaft, 87. Band (1975), 650 ff.

Waldeck, BG 1980, S. 454 ff. — Dieter Waldeck: Bericht über die BAU-Informationstagung, in: Die Berufsgenossenschaft 1980, S. 454 ff.

Wiese — Günther Wiese: Anmerkung zum Beschluß des Bundesarbeitsgerichts vom 9. 9. 1975 — 1 ABR 20/74, in: AP Nr. 2 zu § 87 BetrVG 1972 Überwachung.

Wiese, ZfA 1971, 273 ff. — Günther Wiese: Der Persönlichkeitsschutz des Arbeitnehmers gegenüber dem Arbeitgebr, in: Zeitschrift für Arbeitsrecht 1971, 273 ff.

Wiese, Initiativrecht — Günther Wiese: Das Initiativrecht nach dem Betriebsverfassungsgesetz, Neuwied und Darmstadt 1977.

Wlotzke / Schwedes / Lorenz — Otfried Wlotzke, Rolf Schwedes und Martin Lorenz: Arbeitsgerichtsgesetz, Düsseldorf 1979.

Wohlgemuth, Mitbgespr. 1980, 128 ff. — Hans G. Wohlgemuth: Die Möglichkeiten des Betriebsrates im Bereich des Datenschutzes, in: Das Mitbestimmungsgespräch 1980, 128 ff.

Zemlin — Zemlin: Die überbetrieblichen technischen Normen — ihre Wesensmerkmale und ihre Bedeutung im rechtlichen Bereich, 1973.

Entscheidungsverzeichnis

Die vorangestellte fette Ziffer bezeichnet den Paragraphen, die nachgestellte(n) Ziffer(n) die Fußnote(n), in der (oder bei der im Text) die Entscheidung zitiert ist.

Die Angabe der Parallelfundstellen ist nicht vollständig.

I. Bundesverfassungsgericht

1)	8. 8. 1978	2 BvL 8/77	NJW 1979, 359 ff. Kalkar-Beschluß	**3** 28, 32, 40, 41, 44, 47

II. Bundesarbeitsgericht

2)	7. 9. 1956	1 AZR 646/54	BAGE 3, 207 ff. (211, 212, 213) = AP Nr. 2 zu § 56 BetrVG 1952	**4** 44, 45, 57
3)	1. 2. 1957	1 AZR 521/54	BAGE 3, 266 ff. (270 ff.) = AP Nr. 4 zu § 56 BetrVG 1952	**4** 42, 44
4)	27. 5. 1960	1 ABR 11/59	BAGE 9, 238 = AP Nr. 1 zu § 56 BetrVG 1952 *Ordnung des Betriebes* = DB 1960, 669, 983; 1961, 914 (Anm. Schäcker)	**5** 3
5)	13. 7. 1962	1 ABR 2/61	AP Nr. 3 zu § 57 BetrVG 1952	**6** 1
6)	18. 7. 1972	1 AZR 189/72	BAGE 24, 364 = AP Nr. 10 zu § 72 BetrVG 1952	**2** 3
7)	14. 5. 1974	1 ABR 45/73	AP Nr. 1 zu § 87 BetrVG 1972 *Überwachung*	**5** 8, 37
8)	14. 11. 1974	1 ABR 65/73	AP Nr. 1 zu § 87 BetrVG 1972	**4** 102
9)	9. 9. 1975	1 ABR 20/74	AP Nr. 2 zu § 87 BetrVG 1972 *Überwachung*	**5** 8, 13, 18, 19, 20, 22, 26, 28, 31
10)	11. 3. 1976	5 AZR 34/75	AP Nr. 17 zu § 618 BGB = DB 1976, 827 = SAE 1977, 12	**4** 112
11)	14. 9. 1976	1 AZR 784/75	AP Nr. 2 zu § 113 BetrVG 1972	**2** 3
12)	23. 1. 1979	1 ABR 101/76	DB 1981, 1144	**5** 1, 16
13)	3. 4. 1979	6 ABR 29/77	AP Nr. 2 zu § 87 BetrVG 1972	**6** 1

14)	10. 4. 1979	1 ABR 34/77	AP Nr. 1 zu § 87 BetrVG 1972 *Arbeitssicherheit* = DB 1979, 1995	**4** 48, 66, 102
15)	22. 5. 1979	1 AZR 848/76	AP Nr. 3 zu § 111 BetrVG 1972	**2** 8, 9
16)	22. 5. 1979	1 ABR 17/77	AP Nr. 4 zu § 111 BetrVG 1972	**2** 8, 9
17)	10. 7. 1979	1 ABR 50/78	AP Nr. 3 zu § 87 BetrVG 1972	**5** 8, 10, 17, 20, 29, 37
18)	10. 7. 1979	1 ABR 97/77	AP Nr. 4 zu § 87 BetrVG 1972	**5** 8, 20
19)	15. 10. 1979	1 ABR 49/77	AP Nr. 5 zu § 111 BetrVG 1972 = DB 1980, 549	**6** 4, 7, 8, 9
20)	22. 1. 1980	1 ABR 28/78	DB 1980, 1402	**6** 1
21)	18. 11. 1980	1 ABR 87/78	DB 1981, 946	**4** 42
22)	9. 12. 1980	1 ABR 1/78	DB 1981, 1092	**5** 16
23)	22. 12. 1980	1 ABR 2/79	*EzA* Nr. 7 zu § 615 BGB *Betriebsrisiko*	**4** 39
24)	22. 12. 1980	1 ABR 76/79	EzA Nr. 8 zu § 615 BGB *Betriebsrisiko*	**4** 39
25)	22. 12. 1980	1 ABR 100/79	EzA Nr. 9 zu § 615 BGB Betriebsrisiko	**4** 39
26)	22. 1. 1981	1 ABR 28/78	BB 1980, 1207 = DB 1980, 1402	**2** 10
27)	17. 2. 1981	1 ABR 101/78	DB 1981, 1190	**2** 8
27a)	24. 3. 1981	1 ABR 32/78	DB 1981, 1674 u. 1886	Zus. 3.3.1., 3.7.2.

III. Landesarbeitsgerichte

28)	LAG Düsseldorf 28. 1. 1977	17 Ta BV 99/76	DB 1977, 1707	**6** 7, 10
29)	LAG Düsseldorf 16. 6. 1977	14 Ta BV 41/77	DB 1977, 1755	**6** 6
30)	LAG Düsseldorf 15. 2. 1978	16/13 Sa 860/77	Kammer Köln, DB 78, 1184	**6** 10
31)	LAG Düsseldorf 22. 2. 1978	16 Ta BV 35/77	Kammer Köln, DB 78, 1182	**6** 6
32)	LAG Hamm 17. 3. 1978	3 Ta BV 29/78	DB 1978, 1987	**5** 14
33)	LAG Hamm 2. 10. 1978	3 Ta BV 67/78	DB 1979, 994	**6** 6
34)	LAG Düsseldorf 19. 10. 1978	3 Ta BV 35/78	Kammer Köln DB 1979, 995	**6** 8
35)	LAG Düsseldorf 21. 11. 1978	19 Ta BV 39/78	Kammer Köln DB 1979, 459	**5** 15
36)	LAG Düsseldorf 2. 7. 1979	11 BV 11/79	nicht veröffentlicht	**4** 99

37) LAG Hamburg			
28. 11. 1979	5 Ta BV 6/79	nicht veröffentlicht	**1** 13
38) LAG Baden-Württemberg			
25. 3. 1980	7 Ta BV 2/79	Kammer Mannheim DB 1980, 1076	**6** 6, 11
39) LAG Düsseldorf			
27. 5. 1980	5 Ta BV 2/80	teilweise abgedruckt in: DB 1981, 1780	**1** 13, 21 **4** 36
40) LAG Frankfurt			
19. 8. 1980	4 Ta BV 3/80	nicht veröffentlicht	
41) LAG Düsseldorf			
28. 11. 1980	16 Ta BV 13/80	Kammer Köln, teilweise abgedruckt in: DB 1981, 379	**1** 13, 22 **4** 84, 87 **5** 15, 32, 33
42) LAG Hamburg			
9. 1. 1981	3 Ta BV 4/80	nicht veröffentlicht	**1** 13, **2** 8
43) LAG Hamburg			
14. 1. 1981	4 Ta BV 3/80	Der Betriebsrat 1981, S. 186 ff.	**1** 13 **2** 8
44) LAG Baden-Württemberg			
18. 2. 1981	2 Ta BV 5/80	teilweise abgedruckt in: DB 1981, 1781	**1** 13 **3** 53, 89a, 90, 102, 138, **4** 84a, **6** 5
45) LAG Berlin			
31. 3. 1981	8 Ta BV 5/80 u. 6/80	teilweise abgedruckt in: DB 1981, 1519	**1** 11a, 22a, **2** 8 **3** 27, 34a, 48a, 54, 73a, 92a, 97, 110, 114, 119, 125, 128, 131, 134, 135, 156 **4** 29a, 83, 84a, 103a, 111, **5** 5a, 32a, **6** 6
45a) LAG Düsseldorf			
3. 7. 1981	13 Ta BV 20/81	DB 1981, 1676	Zus. 1.5., 4.9.

IV. Arbeitsgerichte

46) ArbG Hamburg			
21. 6. 1979	19 BV 2/79	nicht veröffentlicht	**1** 13
47) ArbG Wuppertal			
2. 7. 1979	11 BV 11/79	nicht veröffentlicht	**1** 13
48) ArbG Hamburg			
11. 7. 1979	19 BV 1/79	nicht veröffentlicht	**1** 13
49) ArbG Stuttgart			
11. 11. 1979	4 BV 5/79	nicht veröffentlicht	**1** 13
50) ArbG Hamburg			
28. 11. 1979	7 BV 6/79	nicht veröffentlicht	**1** 13
51) ArbG München			
21. 2. 1980	12 BV 97/79	DB 1980, 1700	**1** 9
52) ArbG Wuppertal			
3. 4. 1980	4 BV 4/80	nicht veröffentlicht	
53) ArbG Berlin			
24. 4. 1980	31 BV 3/79	nicht veröffentlicht	

54) ArbG Köln
2. 6. 1980 3 BV 3/80 nicht veröffentlicht **1** 13

55) ArbG Köln
15. 9. 1980 13 BV Ha 13/80 nicht veröffentlicht

56) ArbG Köln
12. 11. 1980 14 BV Ha 14/80 nicht veröffentlicht

57) ArbG München
19. 12. 1980 1 BV 95/80 nicht veröffentlicht **1** 13

58) ArbG Köln
5. 1. 1981 BV Ha 11/80 nicht veröffentlicht

59) ArbG Hamburg
9. 1. 1981 13 Ga/BV 2/80 DB 1981, 850 **1** 10

V. Einigungsstellen

60) Fa. Kamax, Osterode (Vors.: Richter Dr. Friedemann)
11. 9. 1980 unveröffentlicht

61) Fa. Ortmann & Herbst GmbH, Hamburg
(Vors.: Vors. Richter Dr. Baarz)
23. 1. 1981 DB 1981, 1046 **3** 130, 140, 154
4 20, 27a, 80, 84a, 103a

62) Fa. Ruhrchemie AG, Oberhausen **2** 4a
(Vors.: Vors. Richter Walter Bitter) **3** 54, 129, 146, 147
15. 6. 1981 unveröffentlicht **4** 20, 33, 80, 84a, 88a, 92, 103a
5 37a

VI. Reichsgericht

63) 11. 10. 1910 g. M. IV 644/10 RGSt 44, 75 **3** 47

VII. Bundesgerichtshof

64) 16. 2. 1954
g. S. 1 StR 578/53 BGHSt 5, 332 ff. **5** 11

VIII. Oberlandesgerichte

65) OLG Karlsruhe
27. 4. 1978 3 Ss (B) 38/78 nicht veröffentlicht **3** 68

IX. Bundesverwaltungsgericht

66) 17. 2. 1978 1 C 102.76 DVBl. 1978, 591 ff. (593)
(Steag-Urteil) **3** 58

X. Verwaltungsgerichte

67) VG Köln abgedruckt bei Meyer,
6. 11. 1975 1 K 732/75 S. 243 **3** 86

Stichwortverzeichnis

Kolibri 360 GmbH
Ferdinand-Jühlke-Straße 7
99095 Erfurt, Deutschland
produktsicherheit@kolibri360.de

Druck:
CPI Druckdienstleistungen GmbH
im Auftrag der
Kolibri 360 GmbH
Ferdinand-Jühlke-Str. 7
99095 Erfurt